柔道课堂

陈 词 杨永建 编著

上海大学出版社

图书在版编目（CIP）数据

柔道课堂 / 陈词，杨永建编著. —— 上海：上海大学出版社，2021.1
ISBN 978-7-5671-4123-0

Ⅰ. ①柔… Ⅱ. ①陈… ②杨… Ⅲ. ①柔道—基本知识 Ⅳ. ①G886.4

中国版本图书馆CIP数据核字（2021）第001517号

责任编辑　黄晓彦
书籍设计　缪炎栩
技术编辑　金　鑫　钱宇坤

柔道课堂

陈　词　杨永建　编著

出版发行	上海大学出版社出版发行
地　　址	上海市上大路99号
邮政编码	200444
网　　址	www.shupress.cn
发行热线	021-66135109
出 版 人	戴骏豪
印　　刷	江阴市机关印刷服务有限公司
经　　销	各地新华书店
开　　本	890mm×1240mm　1/32
印　　张	4
字　　数	80千
版　　次	2021年2月第1版
印　　次	2021年2月第1次
书　　号	ISBN 978-7-5671-4123-0/G·3237
定　　价	40.00元

版权所有　侵权必究
如发现本书有印装质量问题请与印刷厂质量科联系
联系电话：0510-86626877

前　言

柔道自1972年成为奥林匹克运动会的比赛项目以来，一直是历届奥运会的传统项目，具有广泛的普及度和影响力。

从历史的角度看，可以说柔道扎根于中国，成长于日本，开花于世界。之所以有这样的发展，一方面在于各国柔道界的共同努力，一方面在于柔道本身是一项极富有东方哲学思想的体育运动，这才使它超越了民族，受到了世界各国人民的喜爱，现在有近百个国家提倡柔道运动。

为什么人们会如此喜爱柔道呢？首先柔道提倡的是以柔克刚，体现了东方哲学的思辨："人之生也柔弱，其死也坚强，草木生也柔，其死也枯槁。故坚强者死之徒，柔弱者生之徒，是以兵强则灭，木强则折。"让人们看到，柔道不仅仅是一项体育运动，蕴含生存之道，是一种生活态度，一条生活之路。

柔道首先教授的不是如何制服对手，而是保护自己。柔道特有的"受身"是在人摔倒时，通过身体的画"圆"滚动和拍击垫子来化解和缓冲外部的冲击，以保护身体的各个关节和内脏，使柔道成为一项十分安全的运动。

柔道是在实战中培养人的观察、分析、判断、决策的能力。柔道教会你在面对和你一样心智成熟的人时，如何观察对手的动作，体会对手的心态，猜想对手的招式，让你抓住稍纵即逝的机会获得成功。

柔道也教会你如何面对挫折。当你被对手重重地摔下去，就是一种最真实的且无法逃避的挫折体验，然而这种体验，又是以成本和代价最

低的方式出现，从而让你以最少的付出学会如何在失败中站起来。道场就是社会的缩影，人生的成功、失败、逆袭、站起来，都在这块垫子上反复上演。摔倒了并不意味着永远失败，再站起来，一次一次挑战才是人生的常态。

柔道经常带给我们肌肉放松和精神的愉悦感、掌握运动的满足感和赢得比赛的兴奋感。其中最重要的是优美、优雅的表演和技巧的使用，以及看到别人表演和技巧的美感带来的乐趣，这才是柔道美学的本质。

柔道的训练和比赛皆是"以礼始，以礼终"，在运动中体验尊重对手才是尊重自己的切实感受。无论何时，"礼"都是体现个人素质的最佳途径。

"精力善用，自他共荣"是柔道的精神所在，即使用好自己的精神体力，不做无谓的消耗，最大限度地创造利益与对手共同提高、进步。

柔道的方方面面充满着神奇的魅力，让习练者爱之弥深，让初学者无法停止。

柔道运动与中国文化有着深厚的历史渊源，我们习练柔道有着得天独厚的天赋，让柔道运动更加普及是本书的初衷。

不忘初心携手同行，你也可以早日成为黑带高手，来吧！从现在开始。

编 者

2020 年 9 月 9 日

目 录

1 认识柔道 /1
    柔道的前世今生 /2
    柔道教会你什么 /8
    柔道与中国的渊源 /14

2 柔道的技术 /19
    技术分类和名称 /20
    柔道的段位制 /23
    柔道的训练方法 /24

3 走进道场 /26
    道场 /27
    柔道服 /28
    柔道礼法 /32
    准备活动和柔道徒手操 /36

4 受与取的基础 /41
    前受身 /42
    后受身 /44
    横受身 /46
    前回受身 /49

    姿势、步法和组法 /51
    崩，破势，力的用法，制造与施展 /55

5 柔道的投技 /60
    足技·大外刈 /61
    足技·大内刈 /64
    手技·背负投 /67
    手技·体落 /72
    腰技·大腰 /74
    腰技·扫腰 /76
    足技·送足扫 /78
    足技·内股 /80
    足技·支钓入足 /82
    真舍身技·巴投 /84
    横舍身技·谷落 /86

6 柔道的固技 /89
    抑入技·崩袈裟固 /92
    抑入技·后袈裟固 /94
    抑入技·枕袈裟固 /95
    抑入技·横四方固 /96

抑入技·上四方固 /97
抑入技·纵四方固 /99
绞技·裸绞 /100
绞技·送襟绞 /103
绞技·片羽绞 /105
关节技·腕挫十字固 /108
体落接腕挫十字固 /110

附录 柔道的规则 /113
参考文献 /117

1 认识柔道

- 柔道的前世今生
- 柔道教会你什么
- 柔道与中国的渊源

柔道的前世今生

柔道的诞生

大多数喜欢柔道的人都知道"柔术",但是你能区分柔道和柔术的不同吗?那就让我们来看看两者的不同,看看柔道是如何取代柔术的,看看什么才是真正的柔道。

在日本的封建时代,武士们习练各种武术,柔术是其中的一项,它有自己的攻防体系,可以用推、顶、投、击、踢、刺、砍、窒息、控制、反关节等技术对付敌人,或者防守这些进攻。尽管柔术的起源很早,但是直到日本的江户时期(1603—1868),才逐渐发展成为一套复杂的技击术,被武士们使用和传授,这在日本浮世绘中都有反映(图1-1-1)。

在此之后,有一个叫嘉纳治五郎(图1-1-2)的18岁青年,他跟随很多著名的柔术大师练习柔术,大师们的渊博知识和丰富的经验像一座座巨大的宝藏,让这个青年受益匪浅,他们刻苦研究的精神也激励着他。在学习过程中,嘉纳治五郎发现,虽然他们每一个人都有一套自己的技击技术,但从没有人想到过柔术的原理在哪里。最使嘉纳治五郎困惑的是当碰到不同的习练方式、攻防技术的时候,不知道到底哪个是正确的。这让这个有志青年产生了去寻找"什么是柔术的最基本原理"

图 1-1-1

图 1-1-2

● 认识柔道

的动机,去寻找那个当机会来临的时候,你是拳击对方还是投掷对方的判断准则。通过对柔术技击的通彻研究,嘉纳治五郎发现了一个最普遍的原理就是:最有效地使用精神和体力(精力善用),按照这个原则,他重新审视了所学到的柔术的攻防技术,保留那些符合这个原理的,拒绝那些不符合这个原理的,或者用那些符合这个原理的同类攻防技术替代不符合这个原理的,从而构建出一个新的攻防技术体系。为了区分这个新的攻防技术体系与它的前身柔术,嘉纳治五郎称其为"柔道",这也就是后来嘉纳治五郎创立讲道馆传授给大家的知识。

柔术的"柔"和柔道的"柔"具有相同的意思,意味着"温柔",还有一层意思就是"让路";而柔术的"术"就是技术和实践的意思,柔道的"道"是指"方法""原理"和"道理","道"也是生活本身的理念。柔术讲授的是用柔的技术进行攻防,柔道是用柔的道理进行攻防,由"让路"最终获得胜利。嘉纳治五郎在讲道馆(图1-1-3:讲道馆发祥地永昌寺的柔道纪念碑)所传授的不仅仅是攻防的技术,更多的是柔的道理,乃至一种生活的理念。用嘉纳治五郎的话来说:"柔术是古代传下来的以决生死为目的的武技,但是,这种柔术已经与维新的时势不适应,因此,我以时势为鉴,充实以道德教育,让青年练习,作为心身锻炼之方法。将'柔术'改称'柔道',是因为'柔术'为力与力的相争,由技术来决定胜负的。我所提倡的'柔道',则是探究何以胜之,何以败之,探讨原因,发现原理,从原理再指导技术,再由原理之道,作为修养心智之法,所以称为柔道。"

在柔道中,让我们看看什么是"柔"的原理,什么是"让路",什么是"精力善用"吧!

假设两人对抗,对方的力量是十,而我所拥有的力量是七,如果他全力

图1-1-3

推我，即使我全力对抗，那我也肯定会被他推动或者推倒，这是作用与反作用力的原理所决定的。如果我不去对抗而是给他"让路"，让出他的力量长度，后撤并保持平衡，对方将会失去平衡，他所处的尴尬位置削弱了他的力量，由十分力量降成三分，因为我始终保持平衡，我的力量始终是七，到这个时候我的力量胜过了对方，仅用我自己一部分的力量就能够击败对方，保持另一部分的力量随机应变。即便是你的力量胜过对方，你的最好选择也是给对方"让路"，这样你就能够保持体力而消耗对方体力。这只是一个应用"让路"的原理击败对方的例子，类似的很多技击技术都是应用了这样的原理，这也是称之为柔道的原因。接下来让我们看看柔道中一些更具有这个特色的实例。

假设一个人像一根原木竖在我面前，用一个手指就能推动他向前或者向后；如果在他向前倾斜的那一刻，我把胳膊伸向他的后背，并且腰部迅速滑到他的身前，腰部起到了杠杆作用，即便是他的体重远超过我，我只要轻轻转动腰部，或者拉他的胳膊或者袖子，就可以把他摔向地面（图1-1-4）。

图 1-1-4

让我们再看一个例子。我让对方向前以破坏他的平衡，但是他可以向前跨出一步来保持平衡，就在他的全部重量移动到迈出的那一只脚之前的那一瞬间，用我的前脚掌内侧横扫他的那只脚踵，我就能容易地将他摔倒在地面上（图1-1-5）。这是有效使用体力的最好例子，用微不足道的气力就能击败一个相当强大的对手。

图 1-1-5

● 认识柔道

当对方冲过来推我,我如何应付?如果不是把对方推回去,而是用双手抓住他的双臂或者领子,用一只脚掌抵住他的下腹部,向后坐倒并伸直这条腿,就能使对方从我的头上翻出去(图1-1-6)。

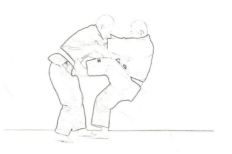

图1-1-6

假设对方稍微向前倾斜并用一只手推我(这样会使他失去平衡),如果我抓住他伸出去的那只胳膊的上袖,以此为转轴将我的后背贴着他的胸部,另一只手紧紧抓住他的肩部,突然弯腰,对方将会从我的头上飞过去,背部平直地摔在地上(图1-1-7)。

图1-1-7

像这些例子,就是应用了"让路"的原理,同时也应用了杠杆作用的原理。古代柔术还包括其他形式的直接进攻,例如踢、打和窒息技术。就这方面而言,"让路的艺术"并不能涵盖其所有,但如果我们接受柔术是精神和体力最有效的实践和技艺的话,那么柔道就是实现这个目的的原理和道路,这样我们得到了它的一个真实的定义。

1882年,嘉纳治五郎创立了讲道馆传授柔道,在随后的几年里,他的学生数量迅速攀升。他们来自日本各地,许多柔术大师也加入了柔道训练,在日本柔道最终取代了柔术。尽管"柔术"这个名称在海外尚存,但在日本作为一个时代技艺的柔术已经无人再提及了。

柔道的发展

1909年,奥林匹克运动创始人顾拜旦在写给嘉纳治五郎的亲笔信中,

希望他成为国际奥委会委员，嘉纳治五郎欣然接受，并于1911年成立日本奥运组织，1912年日本首次参加奥林匹克运动会。

1911年，日本政府同意将柔道列为初中体育课可选修的科目；1918年后，日本文部省要求在有条件的小学五年级以下男生中开设柔道课，大学和企业社团中柔道也开始普及。到1936年，东京高等师范学校附属中学对全国中学运动部进行调查，设置运动部的学校有352所，其中设有柔道部的有331所。

二战结束后，日本的局势变得非常复杂，战争期间美军的轰炸把大量体育馆夷为平地。从1945年11月起，美国占领军司令部下令禁止在正式机构从事柔道训练，其中也包括学校。作为应对，要想办法逐步取消禁令，日本教练分头对美国驻军的军人开展工作，教授美国军人柔道，并获得了他们的理解。1948年全日柔道联合会成立，并且举行了战后首届国家锦标赛。1951年中等学校体育分部和全日大学生柔道联合会成立。

柔道向世界各地推广，1956年在日本举行了世界锦标赛，第二届世界锦标赛是在两年之后，同样也是在日本举行的。1961年在法国巴黎举行了第三届世界锦标赛，引起了轰动，荷兰选手获得了金牌。柔道发祥地选手的首次受挫，使日本人不得不按体重对比赛进行分级。现在，柔道比赛按重量等级来举行，分别是男子组：60公斤、66公斤、73公斤、81公斤、90公斤、100公斤和100公斤以

图 1-1-8

● 认识柔道

上级别；而女子组的级别划分是：48公斤、52公斤、57公斤、63公斤、70公斤、78公斤和78公斤以上级别。除此以外，还有任何级别的运动员都可以参加的无差别级循环赛。

柔道首次出现在奥林匹克运动会赛场是1964年，那一年是在日本举办的第18届夏季奥运会。而最终确立柔道作为奥运会的正式比赛项目，则是在1972年的德国慕尼黑奥运会上。

如今，始创于1951年的国际柔道联合会已拥有约200个会员协会，世界锦标赛和冠军赛定期举行。女子柔道项目也占据着重要地位（图1-1-8：嘉纳治五郎与女子柔道运动员合影），其倡议者正是嘉纳治五郎本人。

可以说从讲道馆最初的9名学生开始，到331所中学设立柔道部，再到今天世界上数不胜数的各色人种习练柔道，都充分证明柔道所坚守的教育理念逐渐为人们所接受，而且从道场到学校本身就意味着柔道普及层面的一次巨大飞跃。

精力善用，自他共荣

讲道馆的座右铭是"精力善用"和"自他共荣"（意为有效地使用身心之力，尊重对方、互相协同合作，在提升自己的同时，也让对方一起进步，一起获益），嘉纳治五郎将其视为包罗万象，并且计划将其运用在经济、政治以及社会关系领域中。

嘉纳治五郎编写了自己的哲学著作，即《贵地》（团结储藏地）。他认为，通过柔道训练使每一个人强身健体增强精神，应该会促进全社会的繁荣。嘉纳治五郎以下面的方式来解释"自他共荣"："如果从全球团结和事物联系的角度来看待问题，那么目标和相互的幸福安康，都应该属于手段，也就是属于最有成效地使用力量。尽管在此似乎是两个概念，但实质上，它们都在体现着同一个学说，即包罗万象的团结，在这种团结中，最富有成效地使用力量适用于人类活动的所有领域，别无他说。"

当代日本柔道界的泰斗山下泰裕曾将嘉纳治五郎亲笔写下的"自

7

他共荣"字幅赠予俄罗斯总统普京（图1-1-9）。在讲道馆中，"精力善用，自他共荣"的字幅就悬挂在道场的墙上，它告诉我们要最有成效地使用精神和力量，共同荣耀。柔道运动为奥运匹克乃至于世界贡献的是和平之心。世界是多样的，一定要尊重和理解对方的差异，才能共同走向繁荣昌盛。在此方面，嘉纳治五郎表现得像一位古老东方传统哲学的教授，并且

图 1-1-9

这一学说与实战技术的实践紧密相关。现在，这一原则仿佛是在宣称，似乎存在着比赛活动之外的某种东西，而柔道运动正体现着这种内涵。

柔道教会你什么

柔道体育

受到将"最大效率原则"应用到攻防技术所获得成功的鼓励，嘉纳治五郎在思考是否可以将这个原则应用到促进健康发展的体育教育中（图1-2-1）。

什么是体育教育？经过大量的思考并与很多学者的交流，嘉纳治五郎认为它的目标就是强身健体有益于社会，通过精神、道德上的训练以构建良好的性格。在此目的下，让我们看看如何能让公共体育教育更贴近地遵从最大化效率的原则。

● 认识柔道

图 1-2-1

锻炼身体有很多不同的方法，嘉纳治五郎认为它可以分为两类：运动和体操（注：这里所说的体操不是指现代的竞技体操）。对"运动"很难给出一个一般化的定义，但是它有一个共有的特性，就是在自然环境中可以比赛。这个特性决定了运动不可能全面平衡地发展体力促进健康，不可避免地使一些肌肉持续超负荷运动，从而对身体某些方面造成伤害。就体育而言，很多运动不能认为是很好的，实际上应该放弃或改进它们，因为它们违背了精神体力效率最大化原则，与健身强体有益于社会的目标相冲突。

相比之下，作为体育项目的体操一般不会对身体造成伤害，通常是有益于健康的，能够促进身体的全面发展，但是作为大众锻炼的体操目前仍然有两个方面的缺陷：兴趣和用途。

有很多方法能使体操更具吸引力、更有趣味性，通过有目的地创编肢体、颈部和躯干运动的一套动作，使得在运动中实现锻炼效率的最大化，有效地促进练习者的协调性和品德。嘉纳治五郎在其讲道馆就是通过这种方式训练他的学生的，不仅促进了学生体力的平衡发展，还提高了他们的攻防基础。这一思路一直延续到现在的学校体育教学中。

为了让体育真正有效，那就必须让体育基于精神体力有效使用的原则，嘉纳治五郎认为将来的体育就应遵循这一原则并不断发展。

训练方法

嘉纳治五郎从两个方面进行他的柔道训练：健身强体和攻防对练。讲道馆早期的训练方法就是"形"和"乱取"，即我们常说的"套路"和"实战"。

"形"就是形式，是预先编排的一套攻防技术的基本动作。例如投

与拿，包括踢、打、刺、砍等许多攻防技术，都被编排成两个练习者都知道的一套动作，按固定的程序练习，彼此之间都知道对方将做什么。形分为：投之形、固之形、柔之形、刚之形、极之形、古式的形。

"乱取"就是两两搭配，像比赛一样彼此竞争。他们可以投、压、窒息、锁住关节，但不能运用踢、打和那些在实际格斗中容易造成伤害的技术，并遵从柔道的礼仪。如果想从实战中得到最大的利益，就必须强制执行这些规定和礼仪。

乱取既是攻防训练又是体育锻炼，无论是哪种情况，所有的动作都遵从了效率最大化的原则，如果进行攻防训练，就要专注于技术执行的有效性。不仅如此，乱取也充分体现了体育文化的内涵，它不但锻炼了身体的各部位，而且它的每一个动作都是有目的的，执行起来要神形合一。

柔道的训练目标就是更完美地控制心理和身体，并能够对任何紧急情况、偶然或有意的攻击做出正确的判断和反应。

心理训练

形和乱取两者都是心理训练的形式，但乱取更为有效。

在乱取中，你必须寻找对方的弱点，在不违反柔道规则的前提下，时刻准备着在对方破绽出现的那一瞬间全力进攻。乱取训练能够塑造真诚、谨慎、缜密思考的优秀品格，同时，可以让训练者学会对当前形势的分析，以此做出迅速的判断和行动，拒绝犹豫不决。

在乱取中，一个人无法确定对方的下一个动作，因此他必须时刻防范，警惕是他的第一天性。在乱取中泰然自若、充满自信是来源于他能够应付任何偶然事件，他的注意力、观察力、想象力、理智和判断力自然而然地得到增强。在生活中学到的，在柔道场上同样可以得到。

为了更好地实战，需要研究对方的心理体力关系，我们可以从中学到很多。

在乱取中我们可以学会效率最大化地使用体力和精神，即便是压倒性地超出对方，事实上用恰当的技术击败对方比用强力更能让人印象深

● 认 识 柔 道

刻,这恰恰体现了日常生活的理念:用合理的逻辑支持劝说,比强行压制更为有效。

乱取的另一个宗旨是正确使用力量,既不太多也不太少。所有人都知道,有些人因为没有正确地估计所需工作量,而未能完成他们设定的任务。看似是方法问题,实际上是因为他们不知道什么时候停止导致的,也就是我们常说的"画蛇添足"。

在乱取中,偶然会碰到疯狂的对手,他渴望赢得胜利,我们不需要用力量直接对抗这样的对手,而是要想法消耗他的体力和意志,然后再出击。在日常生活中,这样的事情比比皆是,当一个人愤怒的时候,做任何事都是无效的,我们能做的就是等他情绪平息。

这只是乱取对年轻人智力训练贡献的几个例子。

伦理训练

从柔道的发展来看,许多人学习柔道的目的并不只是在其动作技术,而更多的是在习练柔道的过程中深深为其所传授的"道"所吸引,从而改变自己的人生观、价值观、世界观。

现在让我们来看看最大效率原则是如何对道德教育做出贡献的。

2003年俄罗斯总统普京(图1-2-2:年近70岁的俄罗斯总统普京在习练柔道)在接受日本NHK电视台专访时说:"我小时候是个无赖,经常几个人一起在街上晃荡,打拳击或扭打在一起摔跤。幸运的是遇上柔道,爱上柔道后,我的人生开始改变,特别是通过柔道用语'礼''平手'这两个词('礼'意味着克制,尊重对方;'平手'则是一种均衡的状态,生活斗争不一定是我胜你负),我开始对日语感兴趣。柔道不单是一项体育运动,还是一门哲学,如果不是柔道,就没有现在的我。"这可以说是柔道从"道"的

图 1-2-2

高度改变人生的最好例证。

在生活中，有人常为一些微不足道的小事而怒不可遏，柔道能够帮助他们控制自己的情绪。通过柔道的训练，他们很快地会意识到，愤怒是浪费精力，只会给自己和他人带来负面影响。

柔道训练也可以让那些在以往的生活中屡遭失败而缺少自信的人重树信心。柔道训练教会我们寻找最佳可能的行动路线，无论个人情况如何，明白焦虑烦恼是浪费精力，让人们明白不论是在你人生的低谷，还是在你人生成功的巅峰，所处的位置是一样的，每个人都要确定下一步要做什么，如何做。柔道可以激发你成功的潜力，可以让人脱离萎靡、绝望，重新焕发活力。

另一种可以从柔道的实践中受益的是长期不满的人，他经常把自己的错误归咎于别人，他会意识到他的这种思维模式与最大化效率的原则是背道而驰的，在生活中遵从这一原则的关键就是保持向前看的心态。

道场之外的柔道

柔道的竞争理念不仅在以后的训练中适用，而且在世界范围同样适用。在讲道馆，嘉纳治五郎指出了便于在社会领域运作的五个本能。

第一，一个人应该密切关注自我与他人之间的关系。例如在发起进攻之前，你应该注意对手的身高、体重、优点、性格等，还要意识到自己的优势和弱势，对周围的环境进行评估；当比赛在室外举行，应该洞察比如石头、沟渠、围墙等；如果在道场比赛，要熟悉人群和其他障碍物；如果一个人仔细观察了周围的一切，那么击败对手的正确方法自然就变得显而易见了。

第二，像国际象棋或者围棋选手那样，熟悉每一招的策略。这些招数可以诱使对手做出某种方式的移动，使自己通过预判取得优势。这一做法在柔道中同样适用。

第三，全面考虑，果断行动。全面考虑与第一原则密切相关，即在实施技术动作之前，你应该仔细评估自己的对手，自然而然会做出正确

● 认识柔道

的决定；然后果断行动，意味着不能有一丁点的犹豫和一丁点的再思考。

第四，在展示了如何进行之后，你需要知道的是在什么时候停止行动，当预定点达到之后，就应该停止技术动作。

第五，胜不骄，败不馁。这一点最能体现出柔道的精髓。常言道：一直前行，既不要因胜利而趾高气扬，也不要因失败而灰心丧气；既不失在一帆风顺时的谨慎，也无需在危险到来时的恐慌。这里隐含着这样一种告诫，就是如果我们让自己的成功冲昏了头脑，失败就会随之而来；这也意味着一个人随时准备应付挑战，即使是刚刚赢得了胜利。无论你身处平静还是动荡，你都应该努力不懈达成自己的目的。

柔道习练者应该牢记这五个本能，并将其应用到工作、学习、政治或者社会的各个领域，定能够获得巨大的收益。

柔道是一种心理和体力的训练，它可以渗透到我们的日常生活中。柔道的基本原则就是让所有掌握攻防技术的人，最大效率地使用他的脑力和体力来实现他的任何目的。同样的原则应用到我们每天的生活，将使生活具有更高的质量，并更加合理。练习柔道不仅能让我们掌握这一普遍原理，也能让我们明白它的真谛，点亮自己，点亮别人。

最大效率原则，既可以应用到攻防技巧中，也可以改善、完善我们的日常生活，使人们更具次序、更加和谐，通过在训练中的相互帮助和谦让就能实现这些目的，结果就是互利互助。柔道练习的最终目的，是灌输尊重最大效率和互惠互利的原则。通过柔道，个人和集体达到最高精神境界，同时发展身体，学习攻防艺术。

总之，正是由于嘉纳治五郎对传统柔术进行全面的改进，使其在技术上更注重安全性与规范性，并能通过习练柔道达到强身健体、培养身心的教育目的。在艰苦的柔道练习中，学会忍耐、克制、尊重、勇敢、礼貌、宽容、公正等优秀品质；在相互攻守的过程中，努力提高习练者的想象力、注意力、观察力等能力；在体育锻炼中培养品德、锻炼智力，最后能将比赛的胜负理论运用于社会。可以说柔道的练习目的并不仅仅局限于一种技术的习成，而是在于在练习技术动作过程中，体会这种技术动作带给身体的巨大冲击性体验，在心理上获得一种"道"的感受，从而产生人格意义上的教育作用。从现代教育理论看，嘉纳治五郎的这种柔道教育理念同现代体育教育理念是相通的，可以说这也是柔道为现代教育体系所接受的基础，同时也是转变为一种现代体育教育项目的根源所在。

柔道与中国的渊源

柔道是由柔术演变发展而来的。柔术的历史非常古老，要了解它的起源是件复杂的事。在柔术各流派的著作中，有各种各样的说法。一种传说是：在垂仁天皇时期（公元前29年即位），野见宿弥和当麻蹴速两人进行了一次有名的格斗，他们的格斗是用搏击和角力相结合的方法进行的。此后，一些人吸取了其中角力的技术，发展成为现在的相扑运动；另一些人总结了格斗中搏击方面的经验，发展成为柔术，进而演变成为柔道这种体育运动形式。另一种说法是：柔术起源于中国唐代拳术，是徒手形式的柔法、和法、体术、捕手、小具足、拳法等打、踢、摔、拿竞技项目的总称。到了明朝末年，曾在少林寺学过武术的陈元斌于17世纪上半叶东渡日本，在江户城南国正寺传授中国武术，自此柔术在日本广泛开展起来。

嘉纳治五郎幼年时期，便在家中受到四书五经的熏陶，之后在私塾先后学习了《汉学》《大学》《中庸》《论语》《孟子》等。他曾在自己的著作中提到：自己受到儒家思想的影响是根深蒂固的，这是他精神思想的根本。可见柔道从创立到发展，从根本上就与中国有着不解之缘。

关于孕育了柔道的日本柔术的起源还有很多说法，其中都有中国的

● 认识柔道

因素，但大多数人认为柔道是嘉纳治五郎将日本柔术结合中国古代哲学演化而来的。在由柔术到柔道的演变过程中，嘉纳治五郎提到了老子《道德经》中的几句话对他的启发，即"人之生也柔弱，其死也坚强，草木生也柔，其死也枯槁。故坚强者死之徒，柔弱者生之徒，是以兵强则灭，木强则折"。而嘉纳治五郎本人就与中国的近代历史人物有着多重的交集。清末重臣、洋务运动的主要代表人物张之洞与嘉纳治五郎过往甚密，嘉纳治五郎的高足西乡四郎（据说是电影《姿三四郎》的原型）就曾作为记者在辛亥革命时期来到过中国，并曾见过孙中山。1913 年 3 月 22 日孙中山一行访问《东阳日出新闻》报社，曾与西乡四郎一起合影（图 1-3-1：中间戴礼帽者为孙中山，前排右起第四人为西乡四郎）。

1902 年，嘉纳治五郎在东京建立了弘文学院，学院专为中国留学生提供初级语言及各学科教育，学生毕业后可升入大学或专科学校。学院

图 1-3-1

先后接纳过 7000 多名中国留学生，其中不乏知名爱国人士，鲁迅、黄兴、杨度、陈天华、秋瑾、陈独秀、田汉、李四光等都曾是这里的学生。毛泽东年轻时代的老师杨昌济也曾在此求学，并对柔道非常痴迷。后来嘉纳治五郎推荐杨昌济进入东京高等师范（筑波大学）学习。杨昌济成为毛泽东的恩师和岳父之后，这种影响也延续给了毛泽东。1917 年 4 月，毛泽东在《新青年》（图 1-3-2）杂志上发表其平生第一篇文章《体育之研究》，在这篇文章中提出了"欲文明其精神，先自野蛮其体魄"的口号，并特别提及嘉纳治五郎和日本的柔道精神："东西著称之体育家，

15

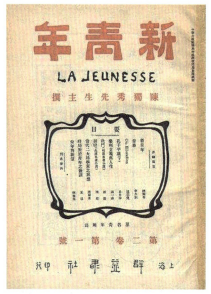

图 1-3-2

若美之罗斯福、德之孙棠、日本之嘉纳,皆以至弱之身,而得至强之效。"使柔道在中日友好交流史上留下了一段佳话。

1979年12月27日中国柔道协会(英文名:Chinese Judo Association,缩写:CJA)成立,它是全国性群众体育组织,是中华全国体育总会领导下的单项运动协会之一。

近年来中日在柔道上的友好交流更是来往不断,在2004年国际柔道联盟上海会议期间,山下泰裕(图1-3-3)提出帮助中国提高柔道水平的想法,并得到丰田、新日铁、日航各自慷慨解囊,邀请中国柔道队赴日本进行了几次集训。

日本外务省得知此事之后,也找到山下泰裕,希望他利用柔道为中日友好做些长期性的工作。经过几年的努力,2007年底,由日本对华开发援助(ODA)项目出资1000万日元赞助的"中日友好柔道馆"在青岛建成,当地百姓非常喜欢到那里去练习柔道。紧接着,山下泰裕又与战争伤痕最深的城市南京达成意向,将在钟山脚下建立第二家柔道馆。

1992年巴塞罗那奥运会,庄晓岩代表中国队出战柔道72公斤以上级比赛,并获得金牌。这是中国首枚奥运会柔道金牌,也是女子柔道首次列入奥运会

图 1-3-3

● 认识柔道

图 1-3-4

比赛项目后的第一枚金牌。其后中国女子柔道队先后获得了八枚奥运金牌，其中中国女子柔道队员冼东妹（图1-3-4）在雅典奥运会和北京奥运会两获奥运金牌，打破了日本柔道在小级别上的优势，奠定了中国女子柔道在52公斤级的世界优势地位。在北京奥运会上，中国女子柔道队获得了三金一铜的优异成绩，一举超越日本，成为国际柔坛的新霸主，实现了历史性突破。男子柔道也有新的突破，在2017年，里约奥运会男子柔道铜牌得主程训钊在法国柔道大满贯比赛中再获佳绩，夺得了男子90公斤级冠军，这是中国男子柔道运动员夺得的首枚世界大满贯金牌。

柔道运动正在中国蓬勃发展，在中国柔道协会的引领下，近年来，定期举办了各类全国比赛、省市比赛，还举办了"柔道教育中国行"推广活动，培养青少年的柔道受众群体；让柔道走进中小学校，举办了多种多样的柔道方面的培训，提高运动员、教练员的素质水平；积极参加和承办国际大赛，斩获了众多的桂冠，让中国柔道走向世界。总之，柔道运动在中国的发展方兴未艾，必将为创建民主法治、公平正义、诚信友爱、充满活力、安定有序、人与自然和谐相处的社会作出重要的贡献。

练习题

1. 柔道创始人是谁？
2. 柔道起源于哪一年？
3. 柔道精神是指哪八个字？

4. 历史上中国柔道队在奥运会上共取得了多少枚金牌？
5. 柔道比赛在哪一年成为奥运会正式比赛项目？
6. 第一届世界柔道锦标赛于哪一年举办？
7. 说出中国柔道协会的英文简称。
8. 国际性柔道比赛有哪些？

柔道的技术

- 技术分类和名称
- 柔道的段位制
- 柔道的训练方法

技术分类和名称

柔道的技术可以分为三类：投技（nage-waza）（图1-2-1）、固技（katame-waza）和当身技（atemi-waza）。

投技

图 1-2-1

投技就是将对方摔倒的技术，包括立技（tachi-waza）和舍身技（sutemi-waza）。尽管在立技中，腰臀运动是十分重要的，但是在实施技术动作时，依赖于身体不同部位所起到的关键作用，又可将立技细分为手技（te-waza）、腰技（koshi-waza）和足技（ashi-waza）。

舍身技分为真舍身技（ma-sutemi-waza）和横舍身技（yoko-sutemi-waza），它们的区别在于，在技术动作实施的时候，身体与垫子的相对位置，前者是后背在垫子上，后者是体侧在垫子上。

柔道的技术

固技

固技分为抑入技（osaekomi-waza）、绞技（shime-waza）和关节技（kansetsu-waza）。有时候固技也称为寝技，这是一种误导，因为寝技（ne-waza）是指身体躺在垫子上实施的技术，而固技中的绞技和关节技也可以从站立的位置实施，锁死对方的四肢和关节或者窒息对方从而使其认输。

当身技

当身技是一类致残对方的攻击技术，可以使用身体的任意部分攻击对方，在现在的柔道比赛中是禁止使用的，所以在这里就不加介绍了。

具体的技术分类见下表：

投 技

立 技			
手 技	腰 技	足 技	
背负投 Seoi-nage	浮 腰 Uki-goshi	出足扫 Deashi-harai	大 车 O-guruma
体 落 Tai-otoshi	大 腰 O-goshi	膝 车 Hiza-guruma	大外车 Soto-guruma
肩 车 Kata-guruma	腰 车 Koshi-guruma	支钓入足 Sasae-tsurikomi-ashi	大外落 Osoto-otoshi
掬 投 Sukui-nage	钓入腰 Tsurikomi-goshi	大外刈 Osoto-gari	燕 返 Subame-gaeshi
浮 落 Uki-otoshi	扫 腰 Harai-goshi	大内刈 Ouchi-gari	大外返 Osoto-gaeshi
隅 落 Sumi-otoshi	钓 腰 Tsuri-goshi	小外刈 Kosoto-gari	大内返 Ouchi-gaeshi
带 落 Obi-otoshi	跳 腰 Hane-goshi	小内刈 Kouchi-gari	跳腰返 Hane-goshi-gaeshi
背负落 Seoi-otoshi	移 腰 Utsuri-goshi	送足扫 Okuri-ashi-harai	扫腰返 Harai-goshi-gaeshi
山 岚 Yama-arashi	后 腰 Ushiro-goshi	内 股 Uchi-mata	内股返 Uchi-mata-gaeshi
双手刈 Morote-gari	抱 上 Daki-age	小外挂 Kosoto-gake	
朽木倒 Kuchiki-taoshi	袖钓入腰 Sode-tsurikomi-goshi	足 车 Ashi-guruma	
踵 返 Kibisu-gaeshi		扫钓入足 Harai-tsurikomi-ashi	
内 股 Uchi-mata-sukashi			
小内返 Kouchi-gaeshi			
一本背负投 Ippon-seoi-nage			

舍身技		
真舍身技	横舍身技	
巴　投 Tomoe-nage 隅　返 Sumi-gaeshi 裏　投 Ura-nage 引入返 Hikikomi-gaeshi 俵　返 Tawara-gaeshi	横　落 Yoko-otoshi 谷　落 Tani-otoshi 跳卷入 Hane-makikomi 外卷入 Soto-makikomi 浮　技 Uki-waza 横　分 Yoko-wakare 横　车 Yoko-guruma 横　挂 Yoko-gake	抱　分 Daki-wakare 内卷入 Uchi-makikomi 蟹　挟 Kani-basami 大外卷入 soto-makikomi 内股卷入 Uchi-mata-makikomi 扫卷入 Harai-makikomi 河津挂（禁止技）Kawazu-gake

固　技

抑込技	绞技	关节技
崩袈裟固 Kuzure-kesa-gatame 肩　固 Kata-gatame 上四方固 Kami-shiho-gatame 崩上四方固 Kuzure-kami-shiho-gatame 横四方固 Yoko-shiho-gatame 纵四方固 Tate-shiho-gatame 袈裟固 Kesa-gatame	并十字绞 Nami-juji-jime 逆十字绞 Gyaku-juji-jime 片十字绞 Kata-juji-jime 裸　绞 Hadaka-jime 送襟绞 Okuri-eri-jime 片羽绞 Kata-ha-jime 胴绞（禁止技）Do-jime 袖车绞 Sode-guruma-jime 片手绞 Kata-te-jime 两手绞 Ryo-te-jime 突入绞 Tsukkomi-jime 三角绞 Sankaku-jime	腕　缄 Ude-garami 腕挫十字固 Ude-hishigi-juji-gatame 腕挫腕固 Ude-hishigi-ude-gatame 腕挫膝固 Ude-hishigi-hiza-gatame 腕挫腋固 Ude-hishigi-waki-gatame 腕挫腹固 Ude-hishigi-hara-gatame 足缄（禁止技）Ashi-garami 腕挫脚固 Ude-hishigi-ashi-gatame 腕挫手固 Ude-hishigi-te-gatame 腕挫三角固 Ude-hishigi-sankaku-gatame

柔道的段位制

作为奖励和显示修炼水平的不同阶段，柔道在1884年设立柔道段位制。柔道共分为十段五级，以腰带颜色来辨别级别。

级别

由一级到初级的腰带颜色分别是：咖啡色、蓝色、绿色、橙色、黄色、白色。

段位

柔道依据选手的水平分段位，通常以腰带的颜色来分辨段位的高低，未入段的新手按级别区分，一段到五段为黑带，六段到八段为红白间隔带，九段到十段为红带。

目前世界上只有极少数人达到红带的地位，但是在一些大型运动会上为了便于分辨，往往规定一方系白色腰带，一方系红色腰带。

级别与段位对应的腰带

级别与段位	腰带颜色
初学者	白色腰带
五级柔道者	黄色腰带
四级柔道者	橙色腰带
三级柔道者	绿色腰带
二级柔道者	蓝色腰带
一级柔道者	咖啡色腰带
初段至五段	黑色腰带
六段至八段	红白色腰带
九段至十段	红色腰带

六段以上者如果愿意可以系黑色腰带,女性的腰带在中间有一条白色的条纹。

柔道的训练方法

柔道技术的训练有"形"和"乱取"两种形式,这两种形式要相互结合来练习。

形是套路式的规范动作的练习,每一个柔道技术都有一定的动作规范,形的练习有助于掌握正确的柔道技术,形成规范合理的动作记忆。在形的练习中,多为两人配合形成对技术动作的认识和记忆。充分了解柔道的形,并与乱取练习结合起来,对技术的提高非常必要。乱取是两人相互利用所学的技术进行自由攻防对抗的练习,是柔道训练的中心环节,通过乱取练习能够使技术、体力、反应能力、战术融为一体,是提高柔道综合能力的不可或缺的训练方法。

乱取的自由攻防能够激起习练者的兴趣,但是容易忽略技术动作的规范性。而形的练习可以使习练者掌握正确的技术,并能达到良好的效果。因此在习练者的初始阶段,为了正确高效地掌握基本动作,为练习柔道打下良好的基础,首先要以形的训练为主,在形的训练中不断纠正动作上的错误,不断提高技术和体力,这样才会在乱取中取得好的成绩。另外,在形的练习中还可以逐渐形成自己的得意技术,在乱取中灵活使用,会取得更好的实战效果。

江户时代,乱取就是日本武术的主要练习形式,后来也是讲道馆柔

● 柔道的技术

道的主要练习形式。要达到乱取练习的良好效果，首先要在心理上放松、稳定，让身体处于防守的"自然体"，以投技练习为主。乱取能够锻炼良好的实战心理、技术应变能力和体能的合理使用能力。在乱取中，以柔克刚、瞬间集中力量爆发，协调、轻巧地将对方摔倒，取得胜利，也能够充分展现柔道的运动美。

柔道技术多种多样，复杂而富于变化，掌握其全部技术难度很大，最重要的是应该充分理解柔道的原理，从简到繁，反复练习，加深对理论的理解，再从繁到简，掌握柔道的精髓。

训练开始时，要制订合理的训练计划，训练计划要重点明确。比如，集中练习左边使用技术，或者集中训练右边使用技术，或者集中精力练习尚未得心应手的技术，或者难以掌握的技术等，要善于思考，在训练中提高技术。接下来的讲解次序，就是一套较好的训练计划，可以按照我们的讲解过程，按部就班地练习。

练习题

1. 柔道技术分哪几类？
2. 柔道运动员的级别依据什么区分？
3. 柔道的训练形式有哪几种？

3 走进道场

- 道场
- 柔道服
- 柔道礼法
- 准备活动和柔道徒手操

● 走 进 道 场

道场

柔道是在一个特殊设计的场地上进行训练的,通常称之为道场(图3-1-1)。道场的设计要避免尖角和潜在危险的障碍物,例如柱子、墙都被嵌以软面,室内地面铺上加固的垫子,它们的尺寸和形状就像家里的榻榻米,垫子可以缓冲摔倒的冲力。为了避免伤到脚,要仔细检

图 3-1-1

查垫子是否平展,在垫子之间没有空隙,如果垫子出现破损应该马上修复或者更换。

当你第一次来到道场,你会看到它是那么的清洁,你会被它庄严的氛围深深打动。"道场"这个词来源于佛教,是指僧侣们修行明心见性的地方,像一个修行的和尚,来到柔道训练场这个神圣地方,人们是为了完善自我身心。形和乱取的训练,以及比赛都是在道场里进行的。

比赛场地(图3-1-2)面积最小为14米×14米,最大为16米×16米。比赛场地必须用榻榻米(一种草垫)或是类似榻榻米的平坦而有弹性的垫子铺成。比赛场地分比赛区和保护区,两个区之间有1米宽的红色区为危险区。比赛区包括红色标志的危险区,其面积不得小于9米×9米,也不得大于10米×10米。红色危险区外面的保护区宽度不得小于2米。

图 3-1-2

柔道服

柔道训练和比赛的时候,要穿着统一形式的服装,按穿戴者的级别系不同颜色的腰带。上衣、裤子和腰带(图3-2-1、图3-2-2)统称柔道服,柔道服有两色:白色和蓝色。白色的柔道服代表着圣洁和高尚,拥有一套白色的柔道服就像是西方国度的男士拥有一套帅气的正装,女士拥有一件漂亮的晚礼服一样重要。柔道人可以穿上白色的柔道服参加任何的柔道盛典,蓝色的柔道服是为了在比赛中能够很好地区分选手。如果可以,您可以拥有两套或者更多的柔道服,在上课时可以交替使用。事实上,很多的柔道家都会拥有多套不同的柔道服。

A. 后领
B. 左边领、右边领
C. 左前领
D. 右前领
E. 左中袖、右中袖
F. 左小袖、右小袖

图 3-2-1

图 3-2-2

● 走 进 道 场

腰带系法

首先将上衣穿好，一般习惯是右衣襟在里左衣襟在外，然后系扎腰带（图 3-2-3 至图 3-2-11）。

❶ 将腰带的中心位置穿过腹部延伸到腰部（图 3-2-3）。

❷ 把两头绕在你的背上，从前面伸出来（图 3-2-4、图 3-2-5）。

❸ 从腰带一端穿过另一端开始打结（图 3-2-6）。

❹ 将腰带靠外的一端由下向上穿过腰带后部和上衣之间（图 3-2-7）。

图 3-2-3

图 3-2-4

图 3-2-5

图 3-2-6

图 3-2-7

5 打完结(图3-2-8、图3-2-9)。

6 系成平暗结或者双方结,整理平整紧凑(图3-2-10、图3-2-11)。

图 3-2-8

图 3-2-9

图 3-2-10

图 3-2-11

柔道服叠法

1 将裤子平放在上衣中央(图3-2-12)。

2 折叠衣袖(图3-2-13)。

3 向内折叠夹克和裤子的侧面(图3-2-14)。

图 3-2-12

图 3-2-13

图 3-2-14

● 走进道场

❹ 上下对折(图3-2-15)。
❺ 用腰带将柔道服扎成一捆(图3-2-16)。

图 3-2-15　　　　　　　　图 3-2-16

技术小贴士

○ 穿上衣时,左衣襟压住右衣襟,将两衣襟重叠。
○ 女子运动员需在柔道服上衣内穿一件白色或灰色的T恤或短袖紧身衣,T恤或短袖紧身衣的长度必须能够把底襟系在柔道服的裤子里。
○ 在扎结腰带时,应注意腰带不要扎得过低、过高或扎在臀部,系好后两端需留有20厘米。
○ 在训练中不要挽起袖子,养成服装整齐的习惯。

柔道礼法

嘉纳治五郎创立的柔道体系里另一个极具特色的方面就是各种仪式。仪式在某种程度上可以培养一个人的习惯，改变一个人的思维，甚至可以引导一批人改变生活习性。嘉纳治五郎就是从这些仪式中准确地捕捉到育人功能，因此在柔道馆的教学中增加了各种仪式，并成为一种固定体制。

礼，是向对方表示尊重的姿态规范。柔道非常注重礼节，讲究"以礼始，以礼终"。在柔道的形竞技（一种约束性练习）比赛和训练的开始与结束都必须行礼。

立礼

① 两脚跟并拢，双腿站直，两臂下垂，身体自然直立（以下简称"立姿"），两眼注视正前方（图3-3-1）。

② 身体自然前倾约30度，两手指向下移，贴于大腿前，稍停顿，再自然恢复原来的立姿（图3-3-2、图3-3-3）。进行此礼法的时长约为一次平静的呼吸时间。

图3-3-1

图 3-3-2

图 3-3-3

图 3-3-4

立姿转为坐姿

1. 从立姿开始左脚向后撤一步。
2. 左膝跪于右脚平行的位置（图 3-3-4）。
3. 右脚向后撤一步，右膝与左膝一并跪下，两脚尖直立，上身挺直（图 3-3-5）。
4. 脚背放平，使两脚的拇指重叠（右上左下），然后落腰，坐于脚跟（图 3-3-6）。

图 3-3-5

图 3-3-6

图 3-3-7

图 3-3-8

正面坐姿

① 两手手指并拢，放于大腿内侧。

② 两膝分开，间隔约两拳（图 3-3-7）。

③ 重叠两脚拇指，右脚拇指压在左脚拇指上（图 3-3-8）。

④ 上身挺直，收下颚，闭口，双眼平视正前方。

切勿出现两脚重叠、驼背、端肩、扬下颚等错误姿势。

坐礼

① 从正座开始，两膝不动，手指自然相对，放于两膝前约两拳距离的位置，两手指相距约 6 厘米（图 3-3-9、图 3-3-10）。

② 上身前倾，前额倾于两手上方约 30 厘米处，稍停顿，礼毕，抬起上身，恢复坐姿（图 3-3-9、图 3-3-10）。

行礼时切勿将背躬起，或臀部脱离脚部。
不要过分低头或仰起下颚，应目视前方，两手间距不可过大。

● 走进道场

图 3-3-9　　　　　　图 3-3-10　　　　　　图 3-3-11

坐姿转为立姿

1. 按立姿时相反的顺序，先挺直腰，再竖起两脚，脚趾踩地（图3-3-11）。
2. 抬起右膝，右脚放于左膝盖平行的位置（图 3-3-12）。
3. 身体重心落于右脚，起立（图 3-3-13）。
4. 右脚前移，两脚跟并拢，恢复立姿（图 3-3-14）。

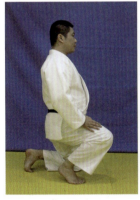

图 3-3-12　　　　　　图 3-3-13　　　　　　图 3-3-14

态度要稳重，身体切勿摇晃摆动，眼睛不要东张西望。

柔道课堂
ROUDAO KETANG

训练场的礼节也要"以礼始,以礼终",训练开始或结束后,双方都要互相行礼。出入训练场或训练场内的人必须行礼。如对方坐着,则行坐礼,对方站着,则行立礼,行经训练场相遇,要互相点头致意。

准备活动和柔道徒手操

柔道课前要进行热身准备活动,使处于休眠的身体受到轻微刺激,准备运动;加速心脏的收缩,提高机体的供血量,加速血液循环工作,使体温升高,增加肌肉的弹性,为肌肉工作做好准备,防止剧烈运动致使肌肉受伤;使关节的活动增加,增加润滑液,减少运动时关节的摩擦;心理上做好开始运动的准备;调节呼吸系统,以适应运动时身体对氧气的需求。一般准备活动必须做全身的热身活动,以慢跑开始,调动人体的运动系统和参与运动的呼吸、血液循环等系统;针对柔道运动的基本特点,下面给出一些具有柔道特色的准备活动。

❶ 颈部关节运动(图3-4-1至图3-4-4)。

图3-4-1

图3-4-2

图3-4-3

图3-4-4

● 走 进 道 场

❷ 扩胸运动（图 3-4-5 至图 3-4-8）。

图 3-4-5　　　　　　图 3-4-6　　　　　　图 3-4-7　　　　　　图 3-4-8

❸ 腰部运动。左右转腰（图 3-4-9、图 3-4-10）与旋转转腰（图 3-4-11 至图 3-4-16）。

图 3-4-9　　　　　　图 3-4-10　　　　　图 3-4-11　　　　　图 3-4-12

图 3-4-13　　　　　图 3-4-14　　　　　图 3-4-15　　　　　图 3-4-16

❹ 膝关节运动。重心上下左右移动（图 3-4-17 至图 3-4-20）。

图 3-4-17　　　　　图 3-4-18　　　　　图 3-4-19　　　　　图 3-4-20

❺ 左右压肩（图 3-4-21 至图 3-4-24）。

37

图 3-4-21　　　　　图 3-4-22　　　　　图 3-4-23　　　　　图 3-4-24

❻ 左右压腿（图 3-4-25 至图 3-4-28）。

图 3-4-25　　　　　图 3-4-26　　　　　图 3-4-27　　　　　图 3-4-28

❼ 压双肩（图 3-4-29）、腿部肌肉拉伸运动（图 3-4-30 至图 3-4-36）。

图 3-4-29　　　　　图 3-4-30　　　　　图 3-4-31　　　　　图 3-4-32

图 3-4-33　　　　　图 3-4-34　　　　　图 3-4-35　　　　　图 3-4-36

❽ 左右后翻（图 3-4-37、图 3-4-38）、左右起桥（图 3-4-39、图 3-4-40）。

❾ 蹬脚（如蹬自行车，图 3-4-41、图 3-4-42）、转脚（两脚同时左右画圆，旋转方向相反，图 3-4-43、图 3-4-44）。

● 走 进 道 场

| 图 3-4-37 | 图 3-4-38 | 图 3-4-39 | 图 3-4-40 |
| 图 3-4-41 | 图 3-4-42 | 图 3-4-43 | 图 3-4-44 |

⑩ 侧拉伸（图 3-4-45、图 3-4-46）、小鸟飞（两膝同时上下移动，拉伸腹股沟韧带，图 3-4-47）。

| 图 3-4-45 | 图 3-4-46 | 图 3-4-47 |

⑪ 手腕、脚腕运动（手腕、脚腕顺时针逆时针各转三圈，图 3-4-48 至图 3-4-51）。

| 图 3-4-48 | 图 3-4-49 | 图 3-4-50 | 图 3-4-51 |

⑫ 柔道徒手操。

柔道徒手操是柔道技术动作的单人练习形式，在学习柔道技术动作

后，在训练前的准备活动中，可以增加练习徒手操。

准备活动之后，进行柔韧性和协调性训练，训练内容包括前滚翻、后滚翻、后滚翻加手倒立、倒地上行下行、侧手翻、屈膝行走以及各种受身。

练习题

1. 柔道比赛场地分哪两个区域？
2. 柔道服腰带长度标准是多少？
3. 对柔道服的卫生有哪些规定？
4. 准备活动的目的是什么？
5. 柔道的礼法有几种？

4 受与取的基础

- 前受身
- 后受身
- 横受身
- 前回受身
- 姿势、步法和组法
- 崩，破势，力的用法，制造与施展

柔道课堂
ROUDAO KETANG

受身，即倒地法，是柔道基本技术之一，是当被对方摔倒或自己倒地时，为了减轻自身所受到的冲击力所采取的自我保护的方法。若没有学好受身技巧，在训练或实战中被摔倒时就会很紧张，也容易受伤。良好正确的受身技巧会使紧张心理消失，这样就能轻松自如地参与训练和实战，同时掌握好柔道受身技术会对投技技术的领悟和提高有很大的帮助。

根据对方使用投技技术的不同，所运用相应的受身方法也不同，大致可分为前受身、后受身、横受身、前回受身。在刚开始练习时应按顺序进行，由较低的姿势练起，然后再逐步进入高位姿势，动作也由慢至快，逐步提高速度。

前受身

前受身分为跪姿前受身与站姿前受身。

跪姿前受身

图 4-1-1

图 4-1-2

● 受与取的基础

1. 两膝跪地，上身直立（图 4-1-1）。
2. 两臂弯曲呈 45 度角，置于胸前呈环抱的防御姿势，身体向前倒（图 4-1-2）。
3. 以两臂及手掌同时击打垫子，身体伸展，以脚与两手支撑身体形成前受身（图 4-1-3）。

图 4-1-3

站姿前受身

1. 两脚分开，身体站立，脚后跟离开地面，身体前倾（图 4-1-4）。
2. 同时两臂弯曲呈 45 度角，置于胸前（图 4-1-5）。
3. 向前倒下，倒下时以两臂及手掌同时用力击打垫子，全身伸展，以脚趾间与两手支撑身体而形成前受身（图 4-1-6）。

图 4-1-4　　　　　图 4-1-5　　　　　图 4-1-6

> 技术小贴士
>
> ○ 两脚分开，距离可宽可窄，初学者可以尽可能宽一点，以减少倒下时对身体的冲击。
> ○ 注意收紧腹部，胸部不能贴着垫子，同时注意收住下颚。

后受身

后受身常分为坐姿后受身、蹲姿后受身、站姿后受身。

坐姿后受身

1. 臀部坐于垫上,两腿伸直向前,两手伸直,在体前手腕处交叉,臂与肩平(图 4-2-1)。
2. 收下颚,目视自己小腹,同时含胸、收腹,随着身体后仰,两臂向身体两侧斜向挥动,两臂与身体的夹角为40度,掌心向下,手指并拢,两虎口向内,锁紧腕关节,手掌与前臂形成一体(图 4-2-2)。

图 4-2-1

图 4-2-2

3. 臀部、腰部、背部依次着垫,并顺势向后滚动。在腰背部接触垫子的同时,快速且用力击打垫子,动作需要有节奏(图 4-2-3)。

图 4-2-3

● 受与取的基础

蹲姿后受身

① 双臂交叉伸直向前,与肩平,两腿屈膝下蹲降低重心,同时含胸、收下颚,臀部离脚跟越近越好,这样可以缓冲撞击力(图4-2-4)。

② 随着身体后倒,两腿并拢向前伸出(图4-2-5)。

图 4-2-4　　　　　　　　　图 4-2-5

③ 团身呈圆形,按臀部、腰部、背部的顺序触及垫子并向后倒,同时两臂用力击打垫子,两臂与身体夹角为40度左右(图4-2-6)。

图 4-2-6

站姿后受身

① 自然站直,两臂前伸,高与肩平(图4-2-7)。

图 4-2-7　　　　　　　　　图 4-2-8

45

❷ 曲膝蹲下，从站立变为蹲下的姿势，臀部尽量紧贴脚跟（图4-2-8）。
❸ 然后运用蹲姿后受身的技术向后倒下（图4-2-9）。
❹ 放松协调地用整个手掌和手臂击打垫子（图4-2-10）。

图4-2-9

图4-2-10

后受身时，后脑及颈椎不触碰垫子。

横受身

横受身常分为蹲姿横受身与站姿横受身。

蹲姿横受身

❶ 从蹲下姿势开始，左臂伸至右肩附近，右臂贴紧身体侧面，右手护小腹（图4-3-1）。
❷ 以右腿支撑身体重心，左腿向右前方伸出，同时将左臂伸直举到右肩

● 受与取的基础

前（图4-3-2）。

❸ 将身体向左后方侧着倾倒，按左腰、左后背、左后肩的顺序依次将身体如车轮滚动般的向垫子上倒下，这样的倒地方式能化解冲击力（图4-3-3）。

❹ 在腰部触及垫子时，左臂伸直用力击打垫子（图4-3-3）形成左横受身。右横受身的技术亦是如此，只是方向相反。

图4-3-1　　　　　图4-3-1（侧）　　　　图4-3-2

图4-3-2（侧）　　　图4-3-3　　　　　图4-3-3（侧）

站姿横受身

站姿横受身是向侧方移动身体时形成的横受身，是用途较为广泛的

受身，且是前回受身的基础。基本技术如下：

① 自然体站立，向右斜前方，先右脚后左脚移动脚步，右脚迈出一大步，右脚支撑身体重心，举左臂，抬左腿同时进行（图4-3-4）。

② 降低重心，降落体位下腰（图4-3-5）。

③ 身体向左侧倒，左腿伸直在前，右腿在后（图4-3-6）。

图4-3-4　　　　　　图4-3-5　　　　　　图4-3-6

④ 形成左侧倒的同时，左臂伸直有力地击打垫子，击打垫子的手臂与身体的夹角为40度左右。整个过程中，右手按于腹部，然后恢复仰卧姿势（图4-3-7）。右横受身的技术也相同，只是方向相反。

图4-3-7

拍击垫子时，整个手臂触垫，与身体夹角40度为宜，双脚不要交叉，收起下颚，后脑勺不能碰垫子。

● 受与取的基础

前回受身

前回受身又名前滚动受身,常分为由蹲下姿势向前滚动受身与行进前回受身。

由蹲下姿势向前滚动受身

① 从自然体曲膝而形成半蹲下姿势,左膝、左脚指着垫子,右手放在右脚和左膝前的一个点上,使三者形成正三角形,左手掌放在右手和左膝之间,两手指尖向内(图4-4-1)。

② 提腰、收下颚、低头且头向左转,然后左腿蹬地,向前滚翻(图4-4-2)。

③ 滚翻时身体呈圆形,按右臂外侧、右后肩、右后背部、左后腰的顺序

图 4-4-1

图 4-4-2

图 4-4-3

图 4-4-4

依次接触垫子，如车轮压过地面般的向前滚动（图 4-4-3）。

❹ 当后腰接触垫子的同时，左臂伸直用力击打垫子，形成右前回受身（图 4-4-4）。以同样的技术要领，方向相反练习就是左前回受身。

行进中前回受身

❶ 向前行进，迈出右脚并有力地踏出（图 4-4-5）。

❷ 与此同时，用右手按住远处的垫子作为支撑，进行快速滚翻（图 4-4-6、图 4-4-7）。

❸ 当后腰接触垫子的同时，左臂伸直用力击打垫子，形成前回受身（图 4-4-8）。

图 4-4-5

图 4-4-6

图 4-4-7

图 4-4-8

技术小贴士

○ 五指并拢，朝向体内，肘部朝外，向滚动的方向滚翻。
○ 把力量运用到右手及右手臂，这样可以做到身体像圆球一样滚动。
○ 左臂拍击垫子时不要弯曲，要伸直。

姿势、步法和组法

姿势

对投技来说,最为关键的就是姿势,正确的姿势能让身体自然、轻松地实施标准的投技。

柔道的姿势有自然体和自护体两种。投技的基础是自然体,自然体要自由地站立、放松、稳定,是攻守皆宜的基本姿势。

从古至今,武术的秘诀被认为是姿势,姿势和眼神展示着心理状态。以放松、自信的状态,保持自然体姿势,对抗对方的姿势,同时内部包含着从"静"移到"动"的力量。自护体是一种防守状态,严阵以待,时刻包含着向自然体过渡实施柔道技术的意念。

自然体

自然体分为自然本体、左自然体、右自然体。

1)自然本体:两脚自然分开(图 4-5-1)。

2)左自然体:两脚自然分开,左脚迈出一步(图 4-5-2)。

3)右自然体:两脚自然分开,右脚迈出一步(图 4-5-3)。

自护体

自护体:可分为自护本体、左自护体、右自护体。

1)自护本体:两脚分开稍宽,重心下降,屈膝(图 4-5-4)。

2)左自护体:由自护本体,左脚迈出一步(图 4-5-5)。

3)右自护体:由自护本体,右脚迈出一步(图 4-5-6)。

图 4-5-1　　　　　图 4-5-2　　　　　图 4-5-3

图 4-5-4　　　　　图 4-5-5　　　　　图 4-5-6

步法

在练习和实战中，和对方相互对峙时，要能做到前后左右移动脚步，或迈步，或滑步，或垫步，使自己轻快自如地移动位置，在保持自身稳定的自然体的同时，通过推拉破坏对方的身体平衡。步法大体有下列几种：

1）迈步。与平常步行时的脚步相同，两脚交替前进或后退的步法。

2）垫步。由自然体开始，一只脚跟进然后另一只脚迈出的步法，动作要轻快、迅速，可向前后、横向、左右斜前后的方向垫步。

3）滑步。脚掌擦着地，像滑行似的移动，滑行步幅不可过大也不可

受与取的基础

过小,可向前后、横向、左右斜前后的方向滑步。

> ○ 在步法移动的过程中,不可将身体重心落在单只脚上过久,这样很容易受到对方的攻击,应始终注意保持整个身体的平衡稳定。
> ○ 在移动的过程中,还应有整体协调用力的意识,要使脚、腰、上体协调一致地移动,注意移动时避免重心上下起伏而被对方进攻。

组法

组法是在双方相互对立时,一方用一手抓住对方的一侧直门襟,另一手抓对方中袖(衣袖的中部及以上部位)。

初学者最开始要练习这种基本的组法(抓握法),随着技术的进步,因应自己和对方的姿势、身体的位置,并可根据技术的需要采取最适合的调整,变化为多样的组法。

基本的组法有自然本体组法(图4-5-7)、左自然体组法(图4-5-8)、右自然体组法(图4-5-9)。以自然体的姿势,双肘微曲,相互用左手抓握对方右衣中袖,柔道中称为"引手"。右手柔和有力地抓握对

图 4-5-7

图 4-5-8

图 4-5-9

方的左直门襟（四指在外，拇指在内），柔道中称为"钓手"。这种放松的姿态可以迅速地反应并做出提、拉、推、转等动作，便于有效实施技术动作。

自护体组法是以自护体姿势，相互用右手伸入对方腋下，控制一条胳膊，相互将头部探到对方的右肩侧，身体略前倾保持一定距离，且要端正，形成左自护体组法（图4-5-10）。右自护体组法（图4-5-11）则与此相反。

在柔道家长年的训练过程中，其身体姿势和肌肉会逐渐适应柔道技术动作的要求，在实战中能够达到身体姿势、关节与运动动作的高度协调，从而一举获胜。如果柔道技术动作没有定型，在运动过程中无

图 4-5-10　　　　　　图 4-5-11

法协调一致地实施技术动作，那么出现问题的关节或动作环节将导致动作失败或造成运动损伤。所以在训练中，进行抵御重力、维持平衡和保持姿势的肌肉训练，对于柔道运动员来说更为重要，这部分肌肉使柔道运动员的身体结构成为一个整体，从而满足流畅实施柔道技术动作的要求。身体姿势的不断变化排列形成动作，在运动过程中，身体姿势是动态变化的，而不是静止的，但我们掌握动作变化是从静态姿势开始的。

柔道运动员的专项技术动作的质量和动作的放松、协调性、流畅度取决于运动员的肌肉力量、柔韧性、平衡能力和基础技术技能等因素。因此重视相关专项力量训练和柔韧性训练将会提高运动员的运动能力和质量。

● 受与取的基础

崩，破势，力的用法，制造与施展

崩

投技是双方互相以站立姿势抓住对方，然后摔倒对方的技术。通常体格大、力量强的人将体格小、力量弱的人摔倒是理所当然的事，但是对于柔道家来说，即使面对比自己体格大、力量强的对手时，也能够利用对方的力量将其摔倒，展现"柔可以克刚"的魅力，这是因为破坏了对方的平衡，合理地运用了各种力量的作用。

重心与重心线

无论是什么样子的木板，都有一个放在指尖或钉子上可以水平支撑的平稳的点，这个点就叫做"重心"；而支撑着的钉子指向的方向叫做重心线。无论什么物体，即使是人体也有重心和重心线，自然站立时重心的位置大致在肚脐附近，根据姿势不同会有所变化，从人体重心向下垂直的重心线，则从支撑身体的双脚所踩的平面的正中央通过，这个姿势就是柔道中稳定的自然体。在自然体状态，对其施展柔道技巧不会有什么效果，但身体一旦向某一方向倾斜就会倒下，这个时候再施展柔道技巧，对方的强大力量会减弱，自己只要施加一点点的力就能将对方投出去，达到"四两拨千斤"的效果。

姿态反射与刚体

物体在固定住没有任何反应的时候，将重心线从支撑底平面移至外面去很容易，但是柔道在对抗过程中姿势必定是互相运动且不稳定的，为了避免被摔倒，无论做多么激烈的动作，都需要一直保持手、脚、腰、头等部位的平衡，不让重心线离开底平面。人和其他物体不同，具有能够瞬间保持身体平衡姿势的反射机能，即姿态反射。施展投技的条件，就是要使对方的身体变成无法进行姿势反射的状态。因此，所谓的施展

55

投技时的刚体,就是对方的平衡被打破,身体如同木棒一样硬直,无法进行姿势反射的姿势。对方的身体变成刚体,而自己依然是柔软的身体时,就是施展投机的最好时机,柔道家们常常能够抓住这稍纵即逝的时机将对方摔倒。

基本破势与八方破势

"崩"就是让对方的重心线离开支撑底平面,即破坏对方的重心而使其失去平衡,为进一步实施投技做准备。"崩"可向八个不同的方向破坏对方的重心,称为破势。

1)基本破势:无论你是进攻还是防御,都需要有一个正确的姿势以保持身体稳定的同时,便于轻快地移动变化;为了施展柔道技巧,还要不断变化身体的朝向;在移动至最佳位置的同时,破坏对方身体平衡的方法就是基本破势。具体有右(左)足在前破势、右(左)足在后破势和右(左)足回转破势。

自然体互相面对站立,以先右脚、后左脚的顺序,将身体移动到对方左脚前呈直角的位置(图4-6-1)。膝车、支钓入足等投技就是使用这种破势。

自然体互相面对站立,以先左脚、后右脚的顺序,将身体移动到对方左脚前呈直角的位置(图4-6-2)。体落等投技就是使用这种破势。

自然体互相面对站立,以先右脚、后左脚的顺序在对方身体前转身至朝向相同方向(图4-6-3)。大腰、背负投等就是使用这种破势。

练习方法:一开始进行单独练习,要做到轻、快、正确;

图 4-6-1

图 4-6-2

受与取的基础

然后以自然体与对方相对站立，在对方的体前练习破势。

2）八方破势：呈"米"字形向八个方向破坏对方平衡。互相以自然体进行右组手，将对方固定住的同时，自己朝八个方向各移动一步破坏其平衡。

八方破势分为前破势（图4-6-4）、后破势（图4-6-5）；右横破势（图4-6-6）、左横破势（图4-6-7）；右斜前破势（图4-6-8）、左斜前破势（图4-6-9）；右斜后破势（图

图4-6-3

图4-6-4

图4-6-5

图4-6-6

图4-6-7

图4-6-8

图4-6-9

4-6-10)、左斜后破势（图 4-6-11）。

图 4-6-10

图 4-6-11

3）行进中八方破势：同样地进行行进中组手，跟着感觉向八个方向各走三步，第三步幅度要较大以破坏对方平衡。

力的用法

最有效利用自己和对方的力量是极为重要的，因为自身的力量是有限的，必须充分利用，同时为了将对方投出去，也要利用对方的力量。例如对方前进的时候，自己大幅后退将对方向后引拉破坏其平衡；或对方想要将自己拉过去时，大幅向前冲将对方平衡向后破坏，这时就可以用很小的力将强壮的对手摔倒，这就是所谓的"推则引之，引则推之"的用力方法。如果逆着对方的力量的话，对于力量大的对手不会有什么效果，即使自己的力量能够破坏对方平衡也会十分勉强，无法真正漂亮地施展柔道技巧。

除此之外，自己还能通过积极地施力，利用对方的反作用力，破坏对方的平衡。例如将对方先向各个方向推，然后反向牵拉，或者将对方牵拉后推出，或者先向下牵拉，然后将对方向上抬起，利用对方第一反应的反作用力，加上自身有限的力量，就能比较容易地破坏对方的平衡，将哪怕是比你强壮的对手摔倒。在实施"推、拉"时，并不只是使用手

受与取的基础

臂进行推拉，而是靠身体的移动在对方不经意之间巧妙地破坏对方平衡才是最重要的。

制造与施展

破坏对方姿势平衡，即制造对方体势，使自己能够有最容易施展柔道动作的位置和体势，即制造自身体势，这就叫作"制造（体势）"；同时通过一连串的动作，用最合适的柔道技巧将对方投出，这就叫做"施展"。制造和施展是不带任何停滞并在一瞬间进行的，一开始是分解为破势、制造、施展，但之后就应该练习至一气呵成。

> 技术小贴士
>
> ○在"破势"的练习中，以自然体开始，不要摇晃身体，通过扫地足，即脚底擦着垫子，像滑行一样，流畅轻快地移动、实施各种破势。
> ○在训练和实战中，因为必须破坏对方平衡，移动至容易施展柔道动作的位置，所以在破势、制造、施展时，需要注意以正确的自身并结合对方的位置、方向、角度进入。

5

柔道的投技

- 足技・大外刈
- 足技・大内刈
- 手技・背负投
- 手技・体落
- 腰技・大腰
- 腰技・扫腰
- 足技・送足扫
- 足技・内股
- 足技・支钓入足
- 真舍身技・巴投
- 横舍身技・谷落

● 柔道的投技

投技就是将对方摔倒的技术，包括立技（tachi-waza）和舍身技（sutemi-waza）。本章主要按照难易程度编排，介绍了基础的、实用的、在实战中最常见的投技。

足技·大外刈

大外刈，是指当对方前进或后退时，使对方向右斜后方倾斜，用右小腿扫起对方的右支撑腿使其向后摔倒。

大外刈在比赛中很常用，是一种能够让体格小的人摔倒体格大的人的技术。基本技术方法如下：

① 双方以右自然体相对站立，施技方以左手为引手抓对方右中袖，右手为钓手抓对方左衣领或后领（图 5-1-1、图 5-1-2）。

② 施技方将钓手向自己的后上方且向左侧推（图 5-1-2），引手向自己的左肋方向引（图 5-1-1），同时将左脚移动到对方右脚外侧，

图 5-1-1

图 5-1-2

图 5-1-3

61

图 5-1-4

图 5-1-5

图 5-1-6

图 5-1-7

图 5-1-8

图 5-1-9

腰部下沉,重心前移,此时自己的右胸部抵住对方的右胸部(图5-1-3 至图5-1-5)。

❸ 施技方以左腿富有弹性地支撑自己身体重量,落在对方右腿外侧的同时,顺便把自己的右腿大力摆向前方,这时依靠冲击力和两手的提、拉、推,将对方的重心移至右腿(图5-1-3、图5-1-4、图5-1-5)。

❹ 将右脚的脚背崩直,用右腿的小腿猛地向对方的右膝后扫、切(图 5-1-6)。

❺ 施技方用右小腿对准对方右膝后侧扫起的同时,引手配合身体同时

● 柔 道 的 投 技

向下拉，钓手向前下方推，再加上扫、切腿的力量，把对方猛地扫起来（图5-1-7）。

❻ 引手要拉，钓手要推，身体向下压与扫腿的动作要配合密切，形成力偶（图5-1-8至图5-1-10）。

大外刈和力偶

两个大小相等、方向相反、作用在一条直线上的平行力，其合力数值为零，但对任一轴仍有合力矩，这样的一对力称为"力偶"。力

图5-1-10

偶的作用可以引起物体的转动，比如：水管的开关、门窗的开合等都是力偶的作用。大外刈技术是使对方向右后方失去平衡，用两手推拉同时右腿扫切对方右腿使其摔倒的动作，就是运用了力偶作用的结果。推拉的力量和扫切的力量大小相等、方向相反，对对方的身体形成"力偶"，在力偶的作用下，将对方摔倒。如果施技方自身失去平衡，无法形成力偶，就达不到理想的效果。

> **技术小贴士**
>
> ○ 左手引手拉、右手钓手提推、左脚上步落于对方右脚外侧是同时进行的，全力将对方的重心移至其右腿上（图5-1-4、图5-1-5、图5-1-6）。
>
> ○ 左脚移至对方右脚外侧，距离不要太远，如图5-1-5，身体右侧尽量与对方身体右侧紧贴（图5-1-6）。
>
> ○ 利用大外刈的技术将自己的右腿扫切，将其摔倒时，身体向下压（图5-1-8、图5-1-9）。

足技·大内刈

大内刈,是施技方使对方向正后方或右(左)后方失去重心,同时以自己的右(左)腿从内侧进行扫、勾对方支撑体重的左(右)腿,使对方仰面后倒的技术。基本方法如下:

① 以自然体实战姿势相对站立,施技方将右脚迈步落于对方右脚前(图5-2-1、图5-2-2)。

图 5-2-1　　　　　　图 5-2-2

② 左脚背步落于对方左脚前,同时把右脚伸入对方两脚间(图5-2-3、图5-2-4)。

图 5-2-3　　　　　　图 5-2-4

● 柔道的投技

❸ 右手向对方的左肩部推,左手向自己的左肋部拉,右推左拉同时进行,迫使对方身体重心移至脚后跟,向左后方失去平衡;施技方将左脚移至自己的右脚跟处,身体重心移到左腿上,右腿向对方的两腿间贴脚跟插入,以身体配合两手拧、推、拉,迫使其重心更加后移(图 5-2-5)。

图 5-2-5　　　　　　　图 5-2-6

❹ 把右腿插入对方的两腿之间后,右脚尖轻轻擦着垫子像画圆圈似的向对方的左腿小腿猛地切,盘勾(图 5-2-6、图 5-2-12);此时,施技方支撑体重的左脚脚尖朝前,盘勾的同时身体配合转向正前方加强动作的力度,对方的左腿被勾起,向正后方后受身倒地(图 5-2-7 至图 5-2-11)。

图 5-2-7　　　　　图 5-2-8　　　　　图 5-2-9

65

柔道课堂
ROUDAO KETANG

图 5-2-10　　　　图 5-2-11　　　　图 5-2-12

○ 如图 5-2-5、图 5-2-6 扫勾时，脚不要插入太深，脚尖轻微擦着地面画弧向对方脚尖方向勾出。
○ 背步、插进右腿时，身体侧站位，即身体平面和对方身体平面形成直角，从对方脚后跟处插入，勾的同时旋转身体，左脚尖指向朝前，身体向右转形成正面姿势，将对方向后摔倒。
○ 做大内刈动作用正面姿势勾时，如果右脚没有插进去，就会使膝盖撞到对方的危险部位，因此要注意动作正确。

● 柔道的投技

手技·背负投

背负投，是柔道中技巧性较高的一种投技。背负投会让对方背部大面积着地，因此往往获得决定性胜利，这样的技巧即使是面对体格较大的对方也能使出，比起硬生生摔出对方省力很多。因此，背负投是一种非常实用的格斗招式。

背负投有双手背负投和一本背负投之分。对于背负投的理解，有材料将其称为过肩摔，但背负的原意并不是肩膀的意思，背负是指背起或越过背部，所以当我们使用背负投时并不是以肩膀为支点将对方投出。背负投被归类于柔道手技中，手臂主要是用于锁住对方的上体并使其在恰到好处的位置，施技者应使用髋部作为支点支轴，运用惯性向前转体将对方投出去。

一本背负投

基本方法如下：

① 双方以自然体姿势站立（图5-3-1）。用右手抓对方的右前衣襟向上提，左手抓对方右衣袖向上提拉，同时腿、脚发力把对方向前引，使对方向前失去重心。

② 右脚向前转着移动，向对方的右脚内侧上步，同时，右手松开对方的左衣襟，从对方的右胸部贴着身体向对方右腋下插入（图5-3-2）。

③ 身体重心放在右前脚掌上，使身体左转，用左脚向后背步落

图 5-3-1

图 5-3-2

图 5-3-3

图 5-3-4

图 5-3-5

图 5-3-6

图 5-3-7

于对方左脚内侧位置，使对方身体贴紧自己背部（图5-3-3）。

❹ 用右手抓紧对方的右肩处，架起对方的右臂（图5-3-4）。

❺ 两腿绷直，上体前倾，从背上将对方摔投出去，使对方的双脚在空

● 柔道的投技

图 5-3-8

图 5-3-9

中画圆着地（图 5-3-5 至图 5-3-9）。

> **技术小贴士**
>
> ○ 在图 5-3-4 中，用右臂向对方的右腋下架起，用左手用力向前拉，两人的手臂间不要有空隙。
> ○ 在图 5-3-5 中，插进的右臂不能太浅，否则对方的身体贴不紧，就难以背起对方。

双手背负投

基本方法如下：

1. 采用右实战姿势（组法）站立（图 5-3-10），用右手抓对方的右前衣襟向上提，左手抓对方右中袖向后上方边拉边提，使对方向前失去平衡。
2. 右脚向前转动，上体前屈，把右脚向对方的右脚内侧上步（图 5-3-11）。
3. 把身体重心落在右脚上，用左脚向对方的左脚内侧转插背步，同时右肘弯曲，向对方的右腋下方架起（图 5-3-12）。
4. 用力拉对方的同时转体重心下沉，两臂的位置是左臂在下，右臂在上，让对方前胸腹贴紧自己的背部（图 5-3-13、图 5-3-14）。

⑤ 将双腿发力蹬直,提腰,同时把右臂上顶,左臂向下拉,将对方向前投出去,使对方的双脚在空中画圆着地(图5-3-15至图5-3-19)。

图 5-3-10

图 5-3-11

图 5-3-12

图 5-3-13

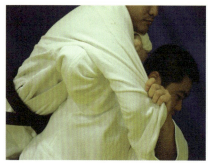

图 5-3-14

图 5-3-15

柔道的投技

图 5-3-16

图 5-3-17

图 5-3-18

图 5-3-19

○ 在实施图 5-3-11 至图 5-3-13 的动作时，背步转身与身体下沉同时进行，弯腰不能过深，上体前屈不能过大，否则腰会发不出力，无法背起对方。

○ 在图 5-3-14 中，右肘臂弯曲，手腕挺直，向对方的右腋下方架起，左臂向前下方拉，将对方上体贴紧自己的背。左手提拉时，开始是扩胸上拉，使对方失去平衡后用右肘臂架起对方就比较容易，否则右臂难以架入。

71

手技·体落

体落，是将对方向右（左）前方拉，再把右（左）脚移动到对方支撑重心的右（左）脚外侧作为支点，双手配合发力将对方摔倒的技术。基本技术方法如下：

❶ 采用右实战姿势（组法）站立（图5-4-1）。

❷ 施技方右脚上步移向对方两脚前（中央的位置），右手抓对方左前领向上钓，左手抓对方右外中袖处抬起肘臂向自己的后上方拉，使对方的身体重心偏向右前方（图5-4-2）。

❸ 身体左转，左脚背步，落于对方左脚外侧斜前方位置，两手用力配

图5-4-1

图5-4-2

图5-4-3

合使对方进一步失去平衡（图5-4-3）。

❹ 把右脚伸向对方右脚外侧，两人右脚成交叉（图5-4-4）。

❺ 右手顺势拉，左手改变方向，由上向下拉，右腿绷直，身体下沉，双手拉推同时进行，把对方摔倒，对方的双脚在空中划了一个半圆着地（图5-4-5至图5-4-7）。

● 柔道的投技

图 5-4-4

图 5-4-5

图 5-4-6

图 5-4-7

○ 由图 5-4-3 状态移动至图 5-4-4 状态的过程中，施技方的右脚脚尖轻快地擦着垫子水平移动至对方右脚的同一方向，形成弓步状态。施技方要挺胸，两手合力提拉对方，使对方失去平衡。
○ 在上述过程中，如果施技方右脚插腿过深，弯腰过早，使身体处于不稳定状态，这样就不容易摔倒对方。

腰技·大腰

大腰，是使对方向前或右（左）前方失去平衡，用右（左）手搂住对方的后腰，将对方背在腰臀部并将其摔倒的技巧。基本方法如下：

① 施技方以右实战姿势站立（图5-5-1），用右手提对方左上衣襟，左臂抬肘左手拉对方右中袖，挺胸同时两手用力提拉，使对方身体重心前倾。

② 施技方右臂向对方左腋下插入，用右手搂住对方的后腰，同时右脚上步至对方的右脚前（图5-5-2）。

③ 左脚背步，落于对方左脚前，与自己的右脚在同一直线上，两脚呈八字形平行站立，在上步、背步的同时，腰向下沉呈半蹲姿势（图5-5-3）。

图5-5-1　　　　　　图5-5-2　　　　　　图5-5-3

④ 将对方背在腰上，双膝挺直，提腰，将对方背起向右前方投出（图5-5-4）。

⑤ 用腰做支点，使对方大幅度地向右前方倒地，对方的双脚在空中划了一个半圆着地（图5-5-5至图5-5-8）。

● 柔道的投技

图 5-5-4

图 5-5-5

图 5-5-6

图 5-5-7

图 5-5-8

○ 上步转体至图 5-5-3 时，和对方的两脚呈八字形站立，要两膝弯曲，臀腰部下落，重心降低，这样才能蓄势待发，为下一步动作做准备；搂紧对方，将对方的腹部贴紧自己的后腰。
○ 在图 5-5-4 中，利用双膝挺直的弹力，两手配合用力将对方提拉起来，利用转腰的动作，将对方摔倒。
○ 如果两脚的距离过宽或两腿伸直，就不能将对方的腹部贴紧自己的腰提拉起来，也就不能使对方从自己的腰部摔出去。

腰技·扫腰

扫腰，是如同钟摆一样，利用大腿扫动、摆动来增强力量，将对方摔出去的技术。先把对方向自己后方拉，使其向前失去重心，并用右（左）腰的后部贴在对方的右（左）腹上，再用右（左）腿扫起对方的支撑腿，把对方向前拉，将其摔倒。基本方法如下：

① 施技方成右实战姿势站立（图5-6-1），右脚向前上步，身体左转，用右手抓住对方左前领并向上提起，左手抓对方右外中袖向上提拉，使对方身体重心移到右脚尖上，随之向右斜前方失去重心（图5-6-2）。

② 左脚脚尖从前向外向后绕着背步，落在对方左脚前，将自己的右后腰和对方的下腹部贴紧，使对方浮起来，用左腿支撑自身重心，右腿绷直抬起（图5-6-3）。

图5-6-1

图5-6-2

图5-6-3

③ 向对方右腿从前向后、向上扫起，用力撩扫（图5-6-4、图5-6-5）。

④ 使对方双脚空中划圆，向前大幅度地转体摔倒（图5-6-6、图5-6-7）。

● 柔道的投技

图 5-6-4

图 5-6-5

图 5-6-6

图 5-6-7

○ 当施技方用右腿扫对方时,一定要保持自己身体重心的稳定,因此作支点的左脚站立的位置、方向,应在对方左脚同一方向的前面,左腿要保持一定的弯曲度和弹性,当右腿作扫的动作时,用力把左腿蹬直。

○ 扫腿时,把腰插入对方的腹部不要过深,否则会影响右腿扫的动作。

○ 右腿在对方的右腿膝盖下部擦着垫子向下撩扫,右脚尖在对方的右脚外侧附近着地。

足技·送足扫

送足扫，是双方横向移动，当对方将其体重移动至踏出的脚或将体重移开其抬起的脚时，用自己的脚去扫起对方相应移动的脚以使对方失去重心而摔倒的技巧。基本方法如下：

❶ 双方以自然体相对站立，当对方将左脚向横向迈出一步时，施技方利用对方移动的惯性，左手按压使其迈出左腿，施技方协调地随之迈动右脚（图5-7-1）。

❷ 当对方横向迈左腿正要继续跟右腿时，施技方以右手向上抬，而左手向下压，使对方的身体开始浮起（图5-7-2）。

❸ 当对方的右脚靠近左脚，两脚即将并拢且要接触垫子的那一瞬间，施技方迈出左腿，左脚掌置于对方的右脚外侧（图5-7-3），此时切勿弯腰，而应将腰部向前推送发力，并和对方移动脚步的节奏配合顺势协调。

图5-7-1　　　　　　　图5-7-2　　　　　　　图5-7-3

❹ 左脚脚掌勾曲掌心向内，像甩高尔夫球杆似的拂过地面，将对方猛扫起来，扫倒在地（图5-7-4至图5-7-6）。

● 柔道的投技

图 5-7-4

图 5-7-5

图 5-7-6

技术小贴士

○ 施技方左手向斜下方拉，画弧线推压对方的右肘，右手助力上浮，对方两足被扫而横受身倒下（图 5-7-6）。
○ 在对方呈静止状态时，使用足技是较困难的，必须促使对方身体横向移动起来，使其脚与地面的摩擦力减弱方能巧妙地运用此技术。

79

足技·内股

内股,是转体朝后方用右(左)腿向对方的两腿之间挑进,撩起对方的左(右)腿内侧,钓起对方使其向正面摔倒的技术。基本方法如下:

❶ 施技方成右实战姿势,对方成防守姿势组合(图5-8-1)。
❷ 施技方右腿向对方两腿前中央迈步。右手抓对方左衣领提拉,左手抓对方右袖中部上提,使对方向正前方失去平衡(图5-8-2)。
❸ 左脚背步靠近自己右脚脚跟,将身体大幅度地左转,两手将对方拉紧(图5-8-3)。

图5-8-1　　　　　　　图5-8-2　　　　　　　图5-8-3

❹ 用左脚支撑自身重心,用右脚向对方的两腿深处抬起,用右腿的外侧向对方的左腿内侧利用自己左腿的弹力撩起(图5-8-4)。
❺ 将身体左转,做摔出的动作,使对方以右腿为轴,向右前方倒地(图5-8-5至图5-8-7)。

● 柔道的投技

图 5-8-4

图 5-8-5

图 5-8-6

图 5-8-7

○ 当对方的身体重心前倾，两脚浮起失去抵抗力时是使用内股的好机会，若对方用腰向前顶，胸向后仰时，就不能使用内股技术。
○ 施技方要把右胸部和右臀部与对方的上半身的正面全部贴紧。
○ 做撩腿动作时，身体要下沉，两手拉紧，把左腿作为支撑腿的弹力，转体下沉，几个动作连贯起来，上下一起配合发力。
○ 左腿重心太高，也不能摔倒对方。

足技·支钓入足

支钓入足，是施技方将对方向其右（左）前方拉动破坏其平衡，然后再出足抵住对方的右（左）脚踝，以此为支点并进步的同时向其前方打方向盘一样地旋转使对方向前滚倒的技术。

物体在运动中如无外力影响则保持惯性运动，静止的物体如无外力推动则保持静止状态，这种运动特性叫做惯性。在跑步时如果脚下遇到阻碍就会绊倒，向前跑的速度越快，摔得越狠。支钓入足就是利用了惯性的原理。施技方利用对方迈出右脚前进的惯性，用左脚抵住对方的脚踝处构成阻碍，形成手拉、拧转和脚绊的力偶关系，对方前进的速度越大则摔得越猛。拧拉对方的方向和其前进的方向相同，因而两股力量形成合力，加大了对方倒下的速度。基本方法如下：

❶ 自然体相对组合（图5-9-1）。
❷ 施技方右脚上步，左脚向左后方撤步，随之身体左转，用右手钓提对方左衣襟，左手拉提对方右衣袖，使对方身体重心移至右脚上（图5-9-2、图5-9-3）。

图 5-9-1

图 5-9-2

图 5-9-3

● 柔道的投技

❸ 施技方用右脚支撑自身重心，用左脚内侧向对方右脚腕处扫踢，破坏对方的身体平衡（图5-9-4、图5-9-5）。
❹ 两手用力把对方向左提拉（图5-9-6）。

　　图5-9-4　　　　　　　图5-9-5　　　　　　　图5-9-6

❺ 使对方大幅度地转体向右前方滚倒（图5-9-7至图5-9-9）。

　　图5-9-7　　　　　　　图5-9-8　　　　　　　图5-9-9

技术小贴士

○ 施技方右脚上步时，右脚尖应向内侧，用前脚掌支撑身体重心。如果脚尖的方向不对或用脚跟着地都会影响身体转动。
○ 左脚应在对方的右脚腕前进行扫踢（图5-9-5）
○ 右手钓左手拉时要抬肘、扩胸，用力把对方向其右前方摔倒。
○ 腰、腿不要弯曲，双手不能向下拉。

真舍身技·巴投

在日本柔道中，通过施技方主动倒地将对方摔倒的技术称为舍身技。舍身技的要点：获得最大的惯性和重力加速度；脚步的踩位和身体滚翻，主要发力腿和辅助腿的配合。舍身技又分为真舍身技和横舍身技。

巴投是在双方正面实战组合时，施技方主动倒地成仰卧，用右（左）脚掌蹬对方的左（右）下腹部（腹股沟稍上部位）把对方蹬起，两手向前送，把对方经自己的上身、头顶向其正前方摔出去的技术。

巴投的基本方法：

❶ 双方以右实战姿势相组合，施技方左手抓握对方右底袖，右手抓握对方左衣襟，两手配合向前上方提举，使对方身体向前倾而浮动起来（图 5-10-1）。

❷ 施技方右脚向对方的两脚前迈步，同时两手愈加用力，使对方身体更加向前倾倒。施技方的右脚上步于对方两足之间，并支撑自身体重，左腿曲膝抬起，用脚掌抵住对方下腹部（图 5-10-2）。

❸ 身体向自己右脚根部后倒，臀部坐在右脚跟处，这样能够加强蹬腿

图 5-10-1　　　　　图 5-10-2　　　　　图 5-10-3

● 柔道的投技

的力度；同时，再用左脚蹬对方，对方就很容易被蹬起（图5-10-3）。

❹ 把对方身体蹬起，同时两手猛拉，向双肩方向投摔（图5-10-4）。

❺ 对方越过施技方头顶，向自己的右前方倒下（图5-10-5至图5-10-8）。

图 5-10-4

图 5-10-5

图 5-10-6

图 5-10-7

图 5-10-8

> ○ 施技方后倒时臀部贴在右脚脚跟处,将腰放低,以利于右脚撑地,左脚快速发力蹬举。
> ○ 两手先将对方的身体浮着向前拉,当对方被拉动,自己仰卧倒地时,两手再向自己两肩方向拉回。
> ○ 施技方上步插足太浅,臀部距离右脚太远或左脚没有和对方下腹部贴紧,都摔不倒对方。

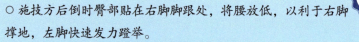

横舍身技·谷落

　　谷落,是当对方身体重心向右侧倾斜时,把左脚伸到对方的左脚后跟处,将身体横倒而使对方摔倒的技术。基本方法如下:

1. 双方以右自然体姿势组合,施技方左手抓对方右底袖,右手抓对方左前襟(图5-11-1)。
2. 施技方左脚上步落于对方右脚外侧,右脚背步,身体右转,与对方身体呈90度角(图5-11-2)。
3. 同时左臂用力往下拖,右手收紧对方左衣襟并往对方的右肩方向推,使对方身体重心向右斜后方倾斜(图5-11-3)。
4. 施技方以右脚作为支撑脚,左脚伸出,挂在对方的左脚跟处(图5-11-4)。
5. 左手下拉,右手收紧,双手配合拉拽,随着自身身体横着倒下的力

● 柔道的投技

量将对方摔倒（图 5-11-5 至图 5-11-7）。

图 5-11-1

图 5-11-2

图 5-11-3

图 5-11-4

图 5-11-5

图 5-11-6

图 5-11-7

○ 施技方上步、背步后,身体要贴紧对方,左脚挂住对方左脚后跟(图5-11-5),如果身体离对方太远,对方就容易逃脱。
○ 双手配合步伐,同时向对方的右后斜方拽。

6 柔道的固技

- 抑入技·崩袈裟固
- 抑入技·后袈裟固
- 抑入技·枕袈裟固
- 抑入技·横四方固
- 抑入技·上四方固
- 抑入技·纵四方固
- 绞技·裸绞
- 绞技·送襟绞
- 绞技·片羽绞
- 关节技·腕挫十字固
- 体落接腕挫十字固

固技（寝技）包括：抑入技、绞技、关节技。理解掌握固技的抑入技至关重要，如果没有良好的抑制技术就不能控制住对方，无法保持施技方的优势体位，无法进行下一步的绞技和关节技。抑入技多由投技和舍身技转入，抑入技的重点是运用自己的体重和力量，有效地压制住对方身体的重要部位，在压制过程中能够预测顺应对方的动作从而顺势控制对方，保持自己的身体平衡放松。运用符合力学原理的固技技术动作和正确的把位是压制成功的关键。

固技的要点

1）要注意对方动作的细节并预见对方的动作，随时更换自己身体的位置与角度，及时转变成更适宜的技术动作，集中全部力量去压制对方。

2）与投技一样，在固技中，每个人都应练就自己的"得意技"。无论对方如何防守，也能使进攻成功有效。但练就"得意技"并非易事，要经过艰苦的千百次的练习，达到本能反应的无意识动作状态，形成肌肉记忆，才能成为出神入化的"得意技"。

抑入技

抑入技是使对方仰卧并被压制的技巧。抑入技是从上方压制住对方，限制对方的自由，并且自己能够任意站起来和自由活动的姿势。如果对方是俯卧姿势或自己在对方下方，则不能使用抑入技。

抑入技获得"一本"胜利的条件

1）使用抑入技使对方肩背着地，无法自由活动，而施技方则保持充分自由的活动状态。

2）施技方必须在对方的身体上方或体侧加以压制。

3）施技方必须将对方压制20秒，对方不能挣脱被控制的局面，施技方可获得"一本"胜利。

4）在施技方使用抑入技时，对方用手或脚拍击垫子，或对方拍击施技方身体两次以上，或以语言发声等形式表示认输，则施技方可获得"一本"胜利。

● 柔道的固技

抑入技的要点
1）用全身的协调动作把对方压制住，用力时重心不要偏向某一边。
2）要随时考虑对方各个动作的角度和位置，集中精力控制住对方。

绞技

绞技是固技（寝技）的一种，是双方倒在垫子上，用手臂或柔道服勒绞对方的颈部大动脉或使之窒息而认输的技巧。

绞技获得"一本"胜利的条件
1）施技方用两手或腿的动作，或利用柔道服对对方的颈部施以绞技。
2）对方口头发出表示认输的呼叫，或用手、脚拍击自己或施技方以及垫子两次以上，施技方可获得"一本"胜利。

绞技的要点
1）要形成能限制对方自由使其难以抵抗的身体位置优势。
2）要集中运用全身之力于双手，充分利用杠杆原理的作用，尽全力施以绞技。
3）当施技方实施绞技时，应在短暂的时间内显示出效果。

关节技

关节技是通过反关节控制制服对手并迫其认输的技术。

在关节技中获得"一本"胜利的条件
1）把对方肘关节拉直、曲屈、扭转来判定。
2）对方肘关节被压迫，在忍受不了的情况下，表示出认输的呼叫时，或对方拍击自己或施技方身体以及垫子两次以上，则施技方获得"一本"胜利。
3）关节技在显示出效果时，裁判会判定施技方获得"一本"胜利。

关节技的安全事项
1）关节技在柔道的练习和比赛中，为避免伤害，有严格的禁止事项规定。在柔道比赛规则中，明确规定"除肘关节以外，其他部位禁止实

施关节技"。

2）禁止做出有损于对方颈椎与脊椎的动作；禁止用两条胳膊或两条腿夹住对方的颈部。

3）关节技的效果已被完全确认，裁判会立即叫停，如果再进行下去，将会给对方造成关节损伤。一旦施技方施加合理的关节技，技术施展成功已成必然时，对方则不该盲目地胡乱挣扎，而应发出信号表示认输。施技方应当掌握分寸，避免给对方造成伤害。总之，在实施关节技时，双方都应该具有保护对方和自我保护的意识。

抑入技·崩袈裟固

袈裟固，是对方成仰卧姿势，施技方从侧面或头部将对方颈部搂住和夹住手臂的姿势。袈裟固又分为：崩袈裟固、后袈裟固、枕袈裟固。

崩袈裟固基本方法如下：

❶ 使对方成仰卧姿势，从其右侧开始进攻。

❷ 用左臂抱住对方右臂夹在腋下，左手抓住对方的右衣袖外侧（图6-1-1）。

❸ 用右臂从对方的左肩上抽进搂紧对方脖子，右手抓住后衣领（图6-1-2）。或右手在对方的左腋下撑地（图6-1-4）。

❹ 双膝稍弯曲，右腿在前，左腿后撤（图6-1-2或图6-1-4）。

❺ 把双臂搂紧，身体重心移到对方的右腰处，挺胸，把对方的胸部压住（图6-1-3或图6-1-5）。

● 柔道的固技

图 6-1-1

图 6-1-2

图 6-1-3

图 6-1-4

图 6-1-5

技术小贴士

○ 施技方的右腰部和对方的右腋下贴紧，臀部、腿部着地，收紧身体压住对方，尽量使自己的上身与对方的上身形成90度（图6-1-1或图6-1-5）。注意不要把身体重心过多地压在对方身上，以防给对方反攻创造条件。

○ 左手搂紧对方右臂，使其无法逃脱，把两腿撇开，右腿向外侧，左腿向内侧，贴着地面保持身体重心的稳定，特别是右腿膝盖不能离地（图6-1-1或图6-1-5）。

93

抑入技·后袈裟固

后袈裟固基本方法如下：

① 将自己的右腰向对方的左肩位置靠紧，把对方的左臂夹住，把右前腰贴到对方的左肩上，把两腿大幅度撒开（图6-2-1）。

② 用右手插入对方的右腋下，肘着地，抓住对方腰带的右横部位（图6-2-2）。

③ 上体前屈，将对方压制住（图6-2-3）。

图6-2-1

图6-2-2

图6-2-3

○ 为防止身体向后倾倒，把右腰向对方的左肩上贴紧，上体向前倾。

● 柔道的固技

抑入技·枕袈裟固

枕袈裟固基本方法如下：

❶ 施技方右腰的位置靠住对方的右肩，左手从对方的脖子下插进，抓住对方的左后领（图6-3-1）。

❷ 右前腰向对方的右颈部贴紧，右手从对方的左腋下插进（图6-3-2）。

❸ 右手抓住自己右膝附近的裤子或右手撑地，将对方的头部放在自己的大腿上，像枕头似的放好压紧（图6-3-2），左腿分开贴紧地面（图6-3-3）。

图6-3-1　　　　　　　　　　图6-3-2

图6-3-3

○ 此技术容易向后倾倒，因此，应左腿撇开并支撑住，把上身向前倾，压制住对方。

95

抑入技·横四方固

横四方固，是让对方背着地仰卧，施技方从对方右侧或左侧向对方的上身俯卧，两臂将对方的肩、臀和腰部控制住，进行压制的技术。基本方法如下：

① 对方仰卧时，施技方从其身体右侧俯卧（图6-4-1）。

② 施技方把右手插入对方的两腿之间，握住其横向腰带（图6-4-2）。

③ 施技方用左手由对方的右肩上颈部向下插入，握住对方的左横领（大拇指在内，四指在外）（图6-4-3）。

④ 双膝弯曲，用右膝顶住对方的右腰部，左膝与对方的右肋下相抵，两脚面贴着垫子，将腰深深下沉（图6-4-4）。

⑤ 两臂收紧，两手用力拉以固定两肋，双肩紧紧压住对方胸腹部（图6-4-3）。

图6-4-1

图6-4-2

● 柔道的固技

图 6-4-3

图 6-4-4

○ 两臂要拉紧，收肘，肩腋部夹紧，把双臂向对方的胸腹部贴紧压住。上体不能过分地伏压在对方身上，否则会给对方创造有利的反抗机会。
○ 两膝弯曲在对方的右体侧贴紧，右膝不要伸直，伸直会被对方勾住或摆脱控制。
○ 根据对方的动作，两脚可以竖着，左腿可以伸直（右腿不可伸直），以变化进攻方式（图6-4-4）。
○ 当对方反抗时，需要变化大腿的动作，利用腰的扭动压住对方。

抑入技·上四方固

　　上四方固，是施技方将对方仰面背着地控制在垫子上，以施技方的上身从对方的头部压制住对方上身的固技技术。基本方法如下：

97

① 将对方控制为肩背着地仰面朝上的姿势，施技方用双膝从上方控制其头部，成为前坐姿势。

② 施技方上身在对方的上半身以俯卧姿势压制住对方。两臂经对方的双肩、双肩下方伸入腰间，两手握紧其两侧横腰带，对方的头部处于施技方的两膝之间（图6-5-1）。

③ 两膝下跪，两脚紧贴垫子，重心进一步降低，将脸部侧面抵住对方的胸腹部（图6-5-1），两脚面绷紧，要使脚面贴住垫子或以脚踝外张以膝内侧接触垫子，这是为了降低并稳定重心（图6-5-2）。根据对方的动作，可使脚尖灵活变化，或伸出一条腿（图6-5-3），亦可两腿左右打开抬腰，将自己的体重重心最大化地压在对方身上（图6-5-4）。

④ 施技方双臂、双腕收紧夹住对方，并以胸部压制的力量控制住对方的上体形成固技。

图6-5-1

图6-5-2

图6-5-3

图6-5-4

● 柔道的固技

○ 自己的身体随对方移动，始终和对方的身体保持在一条直线上。
○ 腿部技术的变化：
1）两腿大幅度打开，腰部抬起，可以加强压制力量。
2）一条腿伸直，可以让脚趾横向支撑，另一腿仍跪于垫上，可以增强自身稳定性（图6-5-3）。

抑入技·纵四方固

纵四方固，是使对方呈仰卧姿势，施技方骑在对方的身上，用两腿夹住对方的身体（躯干）限制其移动，并固住对方的颈部和肩部的技术。基本方法如下：

❶ 使对方呈仰卧姿势，以上骑式骑在对方身上（图6-6-1）。
❷ 用自己的右臂及右侧颈部把对方的右臂及颈部环抱压住，自己的两手搭扣紧握（图6-6-2）。
❸ 两腿夹住对方的身体，在对方的臀下部把两脚脚尖扣起来，展开两膝（图6-6-2）。
❹ 上体下沉，两腿、两臂收紧，向对方的上体贴紧。

图 6-6-1

图 6-6-2

技术小贴士

○ 要把对方的颈部和右肩固紧，不让其逃脱。
○ 如果两腿不能插入对方的臀下，可以贴紧对方的身体两侧，利用对方的身体移动，再找机会插入。
○ 缩紧身体紧贴对方的胸腹部，但不能弓背。
○ 把两脚脚尖插进对方的两腿内侧后向外撑，限制对方做动作。

抑入技·裸绞

　　裸绞，是从对方的身后，用右（左）臂从对方的右（左）肩上向前伸出，用前腕部在对方的喉部贴紧，另一只手扣紧，使对方窒息的技术。在裸绞时，如果采用的技术不得当，容易造成颈椎和气管的损伤。因此练习裸绞时，要特别注意安全，受技方应及时报警以防危险发生。
　　基本方法一：

柔道的固技

❶ 对方采用伸腿坐姿,施技方左膝跪地,右膝立在对方背后位置(图6-7-1、图6-7-2)。

❷ 用右手从对方的右肩上伸出,沿着前颈部插入,前腕贴紧对方颈部(图6-7-3)。

❸ 左手手背朝上从对方的左肩上伸出和右手相紧扣(图6-7-4)。

❹ 施技方将右脸部贴在对方的左耳旁,身体重心稍向下沉,用力向后拉,并向对方的头后部用力压,迫使对方头前屈,把两臂拉紧,实施绞技(图6-7-5)。

图6-7-1　　　　　　　　图6-7-2

图6-7-3　　　　　　　　图6-7-4

图 6-7-5

> **技术小贴士**
>
> ○ 裸绞是压迫气管使对方窒息的技术，右臂的拇指侧贴在对方的喉部为宜，右臂不能过深，否则不易实施此绞技。
> ○ 让对方向后失去平衡，使其成不稳定姿势，削弱其防守能力，用右肩压对方的头后部使其身体前屈，这样容易向前实施绞技。
> ○ 当对方俯卧在地时，从其背后实施裸绞。

基本方法二：

① 当对方俯卧时，由后背用两手抓住对方的后腰带将对方腰臀部提起，再用两腿夹住对方的腰臀部（图 6-7-6）。

② 躯体前倾，突出下腹部，伸直两腿，压住对方（图 6-7-7）。

③ 抬起小腿，控制对方反抗（图 6-7-8）。

图 6-7-6

图 6-7-7

● 柔道的固技

❹ 两手向对方双侧颈部插入,把右前腕部贴在对方的喉部,与左手相扣;把腰挺直,仰起上体,拉紧双手绞住对方(图6-7-9)。

图6-7-8

图6-7-9

> 技术小贴士
>
> ○ 在对方的背上成骑乘姿势时,不要骑到腰带前部,因为过于向前容易掉下来,也压不住对方,亦不能向后挺上体。
> ○ 重要的是让对方的上体向后挺,如果对方的身体完全挺直,很容易把右臂插入对方的颈部。
> ○ 两手、双腿的配合要恰到好处,这样可以控制对方的反抗。

绞技·送襟绞

送襟绞,是在对方的背后用右(左)手从对方的右(左)肩上顺着柔道服握住对方左(右)横衣领,左(右)手从对方的左(右)腋下抓住对方的右(左)前衣领,两手合力拉,通过衣领压迫对方的颈部血管、

气管，使其丧失抵抗能力的技巧。基本方法如下：

❶ 对方采取伸腿坐姿，施技方在对方的背后，左膝跪地，右膝屈立（图6-8-1）。

❷ 右手从对方的右肩上伸到颈部，拇指朝里抓住其左衣领深处（图6-8-2）。

❸ 左手抓住右衣领拉紧。施技方把右脸贴在对方右脸旁的位置，把上体贴紧，躯干稍微向后退再向右转，迫使对方的身体重心不稳，右手横勒，左手向下拉做绞技（图6-8-3）。

图 6-8-1

图 6-8-2

图 6-8-3

技术小贴士

○ 右手握住对方左横领深处，绞衣领时手腕向里顶，可以顶住对方的颈部动脉，用左手顺着对方右衣襟拉紧。如两手握得太浅或身体间隔远都不易实施此绞技。
○ 右肘不要离开对方的右肩，如抬起肘部容易被对方推开而挣脱。
○ 送襟绞可以将对方的颈动脉、颈静脉、气管全部绞住，实施时切记安全。

绞技·片羽绞

片羽绞,是在对方的背后用右(左)手从对方的右(左)肩上抓住左(右)横衣领,左(右)手从对方的左(右)腋下插入,将对方的左(右)臂向上控制,然后前插在对方的后颈部,通过压迫颈部血管和气管使对方丧失反抗能力从而控制对方的技术。

基本方法一:

① 对方采取伸腿坐姿,施技方在对方的背后,左膝跪地,右膝屈立(图 6-9-1)。

② 右手从对方的右肩上伸到颈部,拇指朝里抓住其左衣领深处(图 6-9-2)。

③ 左手从对方的穿过把其左臂抬起并控制在自己的胸前(图6-9-3)。

④ 左手腕、手指伸直,手心朝内,从对方颈后向自己的右腋下插入(图 6-9-4)。

⑤ 右脚随着身体向右转,在对方的身体后扭转扯拉,把对方的左腕贴在胸前拉紧,勒住实施绞技(图6-9-5、图6-9-6)。

图 6-9-1

图 6-9-2

图 6-9-3

图 6-9-4

图 6-9-5

图 6-9-6

○ 片羽绞与送襟绞基本相同，只是左臂的用法不同。
○ 把对方的左臂向上抬起，紧贴在自己的胸前控制住，使其无法逃脱。
○ 左臂插得浅，容易让对方挣脱。

基本方法二：

① 从对方背后用腿夹住其身体（图6-9-7）。

② 右手从对方的右肩上伸到颈部，拇指朝里抓住其左衣领深处（图6-9-8）。

③ 把对方左臂控制住，上体向右转，身体右侧面卧于垫子上，使上体后仰，控制住对方的左臂施以绞技（图6-9-9、图6-9-10）。

● 柔道的固技

图 6-9-7

图 6-9-8

图 6-9-9

图 6-9-10

○ 通常可由对方后背进攻，控制后进行翻滚形成片羽绞（图 6-9-7 至图 6-9-10）。

关节技·腕挫十字固

腕挫十字固，是施技方和对方的身体成十字形，施技方用两手抓住对方的右（左）手腕，用两腿内侧夹住对方的胳膊，将对方的右（左）臂拉直，把肘关节固定住，并向反方向逼迫使之疼痛而认输的反关节技术。基本方法如下：

❶ 对方成仰卧姿势，施技方在对方身体的右侧，对方右臂想抓施技方衣领时，施技方用两手（虎口朝内）握住对方的手腕向上提（图6-10-1、图6-10-2）。

❷ 施技方将腰上抬，用右脚蹬在对方的腋下，右膝弯曲，顶住对方的右肋，同时左腿向对方的头部压去，左腿从对方的头顶部向左肩上伸直贴紧（图6-10-3）。

❸ 用双膝夹住对方的右臂，双手拉紧，挺起下腹部，身体后仰，将对方的右手虎口朝上贴紧自己胸腹部实施关节技（图6-10-4、图6-10-5、图6-10-6）。

图 6-10-1

图 6-10-2

● 柔道的固技

图 6-10-3

图 6-10-4

图 6-10-5

图 6-10-6

技术小贴士

○ 施技方身体后仰时，臀部要靠紧对方的右肩下，如靠不紧就不容易固定住对方的肩。
○ 双膝要夹紧对方手臂，且与自己的胸腹部贴紧，不然对方容易逃脱。
○ 此技术动作应在瞬间同时进行。
○ 使用此技术时，双方的身体角度尽量成直角，如成一条直线，对方很容易挣脱。

109

体落接腕挫十字固

体落接腕挫十字固基本方法如下:

① 施技方用右自然体姿势进行体落进攻。当对方向前摔倒后把身体右转和对方成面对姿势(图6-11-1至图6-11-7)。

② 施技方用两手将对方的左手向上提拉,连续做腕挫十字固(图6-11-8至图6-11-14)。

图6-11-1　　　　　　　　　　图6-11-2

图6-11-3　　　　　　　　　　图6-11-4

● 柔道的固技

图 6-11-5　　　　　　　　　　　图 6-11-6

图 6-11-7　　　　　　　　　　　图 6-11-8

图 6-11-9　　　　　　　　　　　图 6-11-10

图 6-11-11　　　　　　　　　　图 6-11-12

图 6-11-13

图 6-11-14

附录 柔道的规则

柔道比赛按运动员体重分为 8 个级别。男子分 60 公斤、65 公斤、71 公斤、78 公斤、86 公斤、95 公斤、95 公斤以上级和不分体重的无差别级（从 1988 年第 24 届奥运会开始，不设无差别级比赛）。女子分 48 公斤、52 公斤、56 公斤、61 公斤、66 公斤、72 公斤、72 公斤以上级和不分体重的无差别级。1992 年第 25 届奥运会列入的女子柔道项目除无差别级外，其余各级均列入了比赛。

柔道服为白色长袖上衣和白色长裤。系腰带、赤足。衣袖宽大，袖长略过前臂中部。衣长为系带后能覆盖臀部。裤长略过小腿中部。腰带长度为围腰两圈，束紧打扁结，两端各余 20～30 厘米。一方系红色带，一方系白色带，以示区别。女子柔道运动员要在柔道服内穿白色短袖圆领衫。

一场比赛的时间：男子为 5 分钟，女子为 4 分钟。比赛设 3 名裁判员，主裁判在场上组织运动员进行比赛，并评定技术，宣布胜负。相对两角各有一名裁判，评定分数和运动员在场上的表现。根据运动员使用的技术，按其效果和质量评为 4 种分数：

1. 一本

1）比赛的一方控制对方并使用投技以相当的力量和速度把对方摔成大部分背部着地状态；在"压技"比赛中的一方把对方控制住，使其在宣布"压技开始"以后 25 秒钟的时间内不能摆脱控制时。

2）比赛的一方用手或脚拍击垫子或对方身体两次或两次以上，或喊

"输了"时。

3）当比赛的一方使用绞技或关节技，充分显示出技术效果时。

4）和"一本"相等的情况：当比赛一方受到第四个"指导"的处罚时，另一方则获得一个"一本"得分。运动员得"一本"后，该场比赛即可结束，算是获得"一本胜利"。

2. 技有

1）比赛的一方控制对方并使用投技摔倒对方，但技术效果在评判"一本"的三个条件（相当的力量和速度、把对方摔成大部分背部着地状态）中有一项不足时。

2）在"压技"中，比赛的一方把对方控制住，在宣布"压技开始"以后，使其20秒钟或20秒钟以上，但不到25秒钟的时间内不能摆脱控制时。

3）和"技有"相等的情况：当比赛一方受到第三个"指导"的处罚时，另一方则获得一个"技有"得分；运动员在一场比赛中获得第二次"技有"时，比赛结束，算是获得胜利。

3. 有效

1）比赛的一方控制对方并使用投技摔倒对方，但技术效果在评判"一本"的三个条件（相当的力量和速度、把对方摔成大部分背部着地状态）中有两项不足时。

2）在"压技"中，比赛的一方把对方控制住，在宣布"压技开始"以后，使其15秒钟或15秒钟以上，但不到20秒钟的时间内不能摆脱控制时。

3）和"有效"相等的情况：当比赛一方受到第二个"指导"的处罚时，另一方则获得一个"有效"得分。

4. 效果

1）比赛的一方控制对方并使用投技有速度、有力量地把对方摔成一个肩或大腿或臀部着地时。

2）在"压技"中，比赛的一方把对方控制住，在宣布"压技开始"以后，使其10秒钟或10秒钟以上，但不到15秒钟的时间内不能摆脱控制时。

3）和"效果"相等的情况： 当比赛一方受到"指导"的处罚时，

● 柔道的规则

另一方则获得一个"效果"得分。

一场比赛胜负的评定标准：

一场比赛中运动员获得"一本"后，该场比赛即可结束；获得"一本"的运动员获得本场比赛胜利。一场比赛中没有出现"一本"胜利时，在规定的比赛时间内，则按"技有""有效""效果"的多少评定胜负。但是一个"技有"胜过所有的"有效"和"效果"，一个"有效"胜过所有的"效果"。

如果双方得分相等，则进行加时赛，加时赛中先得分者获得该场比赛胜利。加时赛结束后，如果双方得分还没有改变，则由场上3名裁判员经过商议后，举旗决定胜负。

柔道禁止击打，不许用头、肘、膝顶撞对方。除了肘关节外，不许对其他关节使用反关节的动作。不许抓头发和生殖器。任何可能伤害对方颈椎或脊椎的动作均被禁止。运动员有犯规行为或是踏出比赛区，根据情节轻重受到"指导""注意""警告""取消该场比赛资格"的处罚。运动员在一场比赛中受到两次警告，就将被取消该场比赛资格，判对方获胜。

比赛必须在比赛区进行，比赛场地的标准参见第二章第一节。在比赛区施技成功，把对方摔出比赛区，判有效。在比赛区外施技无效。站立时，施技者一脚在保护区，或使用舍身技、寝技时身体一半以上在保护区，均判无效。可结合柔道裁判的判罚手势（图7-1）。

柔道课堂
ROUDAO KETANG

　开始　　　　一本胜　　　技有（半胜）　　有效

　效果　　　　判定　　　　暂停　　　　压制开始

　虚假攻击　　危险区域处分　整理柔道服　　压制暂停

　医生进场　　　比赛场区内　　　比赛场区外

　消极　　　　　判罚　　　　　判决

图 7-1

参考文献

[1] Jigoro Kano, Kodokan Judo, published by Kodansha USA. Inc，2013.

[2] 醍醐敏郎：《柔道教室》，株式会社大修馆书店 1970 年版。

[3] 山下泰裕：《柔道入门》，南京出版社 2012 年版。

[4] 张宇辉：《柔道图谱》，辽宁美术出版社 2016 年版。

[5] [美] 大卫·B. 尤费：《柔道战略：小公司战胜大公司的秘密》，付宁译，中信出版社 2017 年版。

[6] 嘉纳治五郎：《柔道教本》，堀害店 1931 年版。

[7] 毛泽东：《体育之研究》，载《新青年》1917 年第 2 卷。

[8] 讲道馆、全日本柔道连盟：《讲道馆柔道试合审判规定》，全日本柔道联盟 1998 年版。